MUAY-THAI
thai boxing

door T. R. Harinck

Inhoud Pagina

Voorwoord 1	5
Voorwoord 2	7
Introductie	9
Nick Bloemberg	10
Geschiedenis van het Muay-Thai in Thailand	11
Traditionele riten en gewoonten	16
De geschiedenis van het Muay-Thai in Nederland	20
Trainingstechnieken en methoden	22
Basistechnieken van het Muay-Thai	24
Kracht	28
Basis gevechtshouding	32
De voettechnieken	34
De voorwaartse trap	38
De achterwaartse trap	40
De zijwaartse trap	42
De ronde trap	43
Het clinchen	46
De knie	48
Blokkeringen	52
De Low-kickblokkering	54
Bokstechnieken	56
De elleboog	62
Het zwachtelen van de handen	70
Thai Boxing Wedstrijdreglement van de M.T.B.N.	72

© Uitgeverij Eminent - T.R. Harinck

Niets uit deze uitgave mag worden verveelvoudigd en/of openbaar gemaakt door middel van druk, fotocopie, microfilm of op welke andere wijze dan ook zonder voorafgaande schriftelijke toestemming van de uitgever.

ISBN 90-6676-114-8

Druk: Drukkerij van der Horst b.v., Utrecht.

Medewerkers: R. Dirkzwager
N. Bloemberg

VOORWOORD 1

Waren het Karate en Teak-won-do in de vroege jaren zeventig de sporten die binnen de oosterse gevechtskunsten het Judo als sport nr. 1 in Nederlands verdrongen, de nieuwe sport in opkomst is het Thai Boxing of Muay Thai.
Steeds meer oorspronkelijke traditionele katatescholen of -clubs gaan er toe over om het Thai Boxing in hun lesprogramma op te nemen.
Dit is voor een groot deel te danken aan het nimmer aflatend enthousiasme waarmee Thom Harinck, dé grote pionier, deze sport propageert.
Harinck die als trainer/coach van "Chakuriki" de meest succesvolle Thai Boxingschool in; zeg maar gerust heel Europa, zijn sporen ruimschoots verdiend heeft, werd in 1985 in Azië, waar het Thai Boxing een volwassen sport is, uitgeroepen tot trainer/coach van het jaar.
Een prestatie die nog nimmer door een westerling geëvenaard werd.
In juni 1980 verscheen het boek "CHAKURIKI, de ontleende kracht" een handboek over de Chakuriki-stijl.
Werd daarin nog gesproken over kickboxing, met dit boekje wil Thom Harinck duidelijk maken dat het Thai Boxing een aparte status heeft.
In andere talen is er over het Muay Thai weinig literatuur te verkrijgen en in het Nederlands tot aan de verschijning van dit werk, zelfs helemaal niets.
Namens het bestuur van de Muay Thai Bond Nederland kan ik dan ook stellen dat met deze introductie tot het Thai Boxing, baanbrekend werk is verricht.
Op duidelijke wijze en in klare taal worden alle aspecten van de sport behandeld.
Van de geschiedenis tot en met het zwachtelen van de handen en de uitvoering van de basistechnieken.
Niet alleen de leek en de beginnende Thaiboxer zal meer inzicht verkrijgen na het lezen van dit boek, maar ook veel "aankomende" leraren zullen er heel wat van op kunnen steken.
Ik wens Thom Harinck dan ook alle succes toe en vertrouw erop dat deze introductie tot het Thai Boxing bij het grote publiek goed ontvangen wordt.

Ino E. Alberga,
Vice Voorzitter M.T.B.N.,
General Secretary E.M.T.A.

K.A.Tjiam, secretaris/bondsarts
Muay Thai Bond Nederland

VOORWOORD 2

Ongeveer een vijfde deel van alle sportbeoefenaren in Nederand houdt zich bezig met een of meerdere van de zgn. budo-sporten. Gekonstateert kan worden dat binnen de groep van budo-sporten het Thaiboksen of **Muay Thai**, zowel wat betreft het aantal beoefenaren als het aantal belangstellenden, de snelste groei doormaakt. De praktijk heeft uitgewezen dat Muay Thai een der meest effectieve verdedigingssporten is. Een veelomvattende en harde training is nodig om een redelijk vaardigheidsniveau te bereiken. De specifieke stijl van Muay Thai leent zich in het bijzonder voor een beoefening in kompetitieverband, terwijl het dekorum waarmee gala's omgeven zijn, mede door de overzichtelijkheid van de spelregels, voor het publiek een zeer attraktief schouwspel bieden.

Om bovengenoemde redenen verwachten wij in de toekomst een zekere groei van het aantal beoefenaren en dus belangstellenden. De daardoor noodzakelijke groei van technisch kader heeft de noodzaak geschapen van een overzichtelijk handboek, waarin op didaktische wijze de basistechnieken, reglementen en andere achtergronden van Muay Thai, gepresenteerd worden. De aangeboden leerstof is een korte samenvatting van schrijver's wetenschap, verkregen door meer dan twintig jaar ervaring met gevechtssporten, uiteindelijk resulterend in een zo grondige kennis van Muay Thai, dat mede hierdoor Nederland in korte tijd is opgeklommen tot een der sterkste Muay Thai landen ter wereld.

Tegenover een toenemende populariteit van Muay Thai en aanverwante sporten staat een negatieve houding van in het bijzonder officiele sportinstanties en de sportpubliciteitsmedia. Regelmatig worden argumenten gehanteerd als zou het schadelijk zijn voor de gezondheid, aggressieve gevoelens zouden losgemaakt worden etc.
Ik kan hierop de vraag stellen of de beoefening van topsport in vele sportdisciplines wat betreft gezondheid niet een zeer questieuze zaak is. Ik ben er van overtuigd dat de beoefening van Muay Thai in wedstrijdverband, mits geplaatst onder supervisie van een goed opgeleid technisch kader en een

strenge medische reglementering, geen grotere risico's met zich meebrengt dan bij andere vormen van topsport. De rekreatieve beoefening van Muay Thai is in ieder geval, door de zeer komplete training, gezondheidsbevorderend.

Sport en alles wat ermee samenhangt heeft zich de laatste halve eeuw verplaatst van de periferie naar het centrum van onze culturele samenleving. De maatschappelijke implicatie's van sport zijn daardoor zeer groot geworden en we denken dan direkt aan het feit dat een toenemend deel van de steeds overvloediger wordende vrije tijd wordt ingevuld door sport, hetzij als actief beoefenaar, hetzij als betrokken toeschouwer. Maatschappelijk zeer actueel is het thema "sport en gewelddadige excessen". Met betrekking tot dit laatste is de afgelopen jaren gebleken dat de sociale implicatie's van Muay Thai positief waren. Mijns insziens ligt dit aan het feit dat Muay Thai (en aanverwante sporten) meer dan andere sporten de toeschouwer èn beoefenaar de mogelijkheid biedt van een maatschappelijk aanvaardbare agressieregulering.

Een andere zeer belangrijke sociale implicatie is een gevolg van het feit dat in geen enkele andere tak van sport zoveel beoefenaren en toeschouwers afkomstig zijn uit de zgn. ethnische minderheidsgroeperingen. Dat werelden overbrugd worden kan dagelijks aanschouwd worden in de vele sportlokalen waar Muay Thai beoefend wordt.

Dit alles overwegende, ben ik er dan ook van overtuigd dat tegelijk met de verbreiding ook een positief sportbeleid ten aanzien van Muay Thai geformuleerd zal worden.
En net zo ben ik ervan overtuigd dat dit boek een belangrijke bijdrage zal leveren aan de verbreiding van Muay Thai met al zijn positieve konsequenties!

INTRODUCTIE

In mijn vorige boek "Chakuriki, de ontleende kracht", heb ik reeds naar voren gebracht dat het "Chakuriki" voor mij veel meer is dan een gevechtsstijl.
Het is een levensweg, waar diegenen die deze wensen te bewandelen proberen zichzelf zowel geestelijk als lichaamlijk zo goed mogelijk te ontplooien.
Bij het huidige Chakuriki is een belangrijk onderdeel van de training, het MUAY THAI, thaiboxing geworden.
Toen ik in 1978 voor het eerst met mijn team naar Bangkok, Thailand ging voor wedstrijden, was het thaiboksen voor ons volslagen nieuw.
In die periode en vooral daarna hebben we ontzettend veel geleerd van het Muay Thai. Zoveel zelfs dat we nu op een punt zijn gekomen dat de Nederlandse vechters na de Thai's, wereldwijd genomen, op de eerste plaats staan.
In sommige gewichtsklassen werden er zelfs al overwinningen op de Thai's geboekt.
De prestaties van de Nederlandse vechters in binnen- én buitenland zorgden ervoor dat het Thai Boxing in ons land een voor velen onverwacht snelle groei in populariteit kreeg.
Hierdoor nam ook de vraag naar vakliteratuur toe. Maar tot aan de verschijning van dit boek was er in het Nederlands niets op dit gebied te koop.
Het doet mij daarom extra veel genoegen dat ik nu, na mijn boek over het Chakuriki, de ontleende kracht, een meer gespecialiseerd boekje op de markt kan brengen dat alleen over het Thai Boxing gaat.
Met dit boekje hoop ik alle geïnteresseerden op een zo goed mogelijk wijze in kennis te stellen van deze geweldige sport, die mijn eigen leven zo beïnvloed heeft.
Ik draag het op aan al mijn vrienden en kennissen over de gehele wereld die ik door de sport heb mogen ontmoeten.
Maar vooral naar één persoon, een groot en respectabel man, die mij in Thailand alle faciliteiten gaf om het Muay Thai te doorgronden gaat mijn dank uit;
    De manager van het Rajadamnern Stadion,
      mr. Montri Mongkolsawat.

                   Thom Harinck.

NICK BLOEMBERG

Nick Bloemberg, die als partner van Thom Harinck fungeert op de foto's, is in de Thai Boxing wereld geen onbekende.
Als een van de weinigen in Nederland heeft hij de zwarte band in de Chakurikistijl.
In het wedstrijdgebeuren heeft hij ook zijn sporen ruimschoots verdiend.
Vijf jaar lang draaide hij als wedstrijdvechter in het Thai Boxing aan de nationale en internationale top mee, waarbij hij vooral bekend werd om zijn vlekkeloos technische stijl.
Diverse malen ging hij naar Thailand om er te trainen in bekende kampen.
Hij was een van de eerste Nederlanders die een wedstrijd vocht tegen een topvechter uit Thailand.
Bloemberg die thans als Chakuriki sensei aan het hoofd van een goedlopende school in Haarlem staat, heeft ook een belangrijke functie binnen de Muay Thai Bond Nederland. Naast hoofdscheidsrecher en voorzitter van de scheidsrechterscommissie is hij ook docent aan de scheidsrechtersopleiding van de M.T.B.N. en adviseur van de scheidsrechterscommissie binnen de Europese Muay Thai Associatie.
Tegenwoordig is hij ook promotor van drukbezochte gala's in Haarlem.
Nick Bloemberg, een veelzijdige sportman die zich voor 100% inzet voor het Thai Boxing in al haar facetten.

N. Bloemberg v.s. Nonglek

Geschiedenis van het Muay-Thai in Thailand

Er bestaan een groot aantal legenden met betrekking tot de oude boksers, maar de bekendste van allen is zonder twijfel de legende van Nai Khanom Dtom.
Thailand werd na een bloedige oorlog in 1767 door Burma als vasal staat ingelijfd.
Nai Khanom Dtom werd als een van de dertigduizend gevangenen afgevoerd naar Burma, waar hij zeven jaar in krijgsgevangenschap doorbracht.
Op 17 maart 1774 werd door de Burmeese koning een feest georganiseerd ter ere van de renovatie van de grote tempel in de stad Rangoon.
Tijdens dit zeven dagen durende feest werden ondermeer Muay-thai wedstrijden georganiseerd.
Ook Nai Khanom Dtom vocht op deze dagen en versloeg tien Burmeese vechters; allen in aanwezigheid van de Burmeese koning.
Deze was dusdanig onder de indruk van de vechtkunst van de Thai dat hij hem de vrijheid schonk.
Er bestaan een groot aantal varianten op deze legende en hoewel de precieze gegevens niet bekend zijn is het wel waarschijnlijk dat deze vechter daadwerkelijk heeft bestaan.
Dat er niet veel gegevens voor handen zijn met betrekking tot deze en andere feiten van de Thaise geschiedenis is gevolg van het feit dat door plundering en brandstichting van het Burmeese leger alle schatten, religieuze relikwiën en kunstwerken, zowel als de Koninklijke archieven werden vernietigd.
De geschreven geschiedenis van Thailand, zoals nu bekend, is voor het merendeel afkomstig uit de provinciale archieven en voor een gedeelte van geschriften van bezoekers uit Europa en China.
Uit deze gegevens moeten wij ook putten willen we enig inzicht krijgen in het "oude' Muay- Thai.

Het behoeft om deze reden dan ook geen verwondering dat er vele al of niet tegenstrijdige verklaringen over het ontstaan van het Muay-Thai in omloop zijn.
Uit diverse publikaties blijkt dat reeds in de middeleeuwen, onder het bewind van koning Narechen de Grote (1590 - 1605) het Muay-Thai een onderdeel vormde van de militaire opleiding.
De koning zelf stond bekend als een expert op het gebied van de individuele vechttechnieken.
Volgens de overlevering bereikte het Muay-Thai haar hoogste populariteit echter gedurende het bewind van Pra Chao Sua (1703 - 1709 Het Muay-Thai werd gedurende zijn regeerperiode een favoriet tijdverdrijf en er werden vele wedstrijden georganiseerd die door jong en oud werden bezocht.
Ook Pra Chao Sua was een vurig beoefenaar van het Muay-Thai en wist vele wedstrijden, meestal incognito, in zijn voordeel te beslissen.
In deze tijden was het gebruikelijk de handen met stroken paardehuid te omwikkelen, teneinde de eigen huid te beschermen en de tegenstander zoveel mogelijk schade toe te brengen.

Deze stroken paardehuid werden later vervangen door henneptouw of stroken katoen die gedrenkt werden in een lijm oplossing, voordat zij om de handen werden gezwachteld.
Ook werden er wel glassplinters aan de lijm toegevoegd.
De vechters droegen een kruisbeschermer van boombast of een zeeschelp, die door middel van een stuk textiel op hun plaats werden gehouden.
In de vroege tijden werden niet, zoals tegenwoordig in ronden van drie minuten gevochten; een gevecht duurde zolang als de vechters het volhielden!
In het begin van de 20ste eeuw werd het Muay-Thai als onderdeel van de lesroosters op de scholen ingevoerd.

In 1921 kwam hier echter een eind aan, nadat er van overheidswege een verbod werd afgekondigd, doordat men de sport te hard en belastend voor jonge schoolkinderen.
Tot de 30er jaren bleef het gebruik van hennep omzwachteling bestaan. Omstreeks deze tijd werden er een aantal regels van het internationale boksen ingevoerd, zoals het gebruik van bokshandschoenen, indeling in gewichtsklassen en het vechten in een moderne boksring.

Het moge duidelijk zijn dat dit het Muay-Thai een ander aanzicht gaf, mede doordat bepaalde open hand technieken niet langer toegepast konden worden.
Volgens de oude vechters heeft het huidige Muay-Thai niets meer met de oorspronkelijke sport te maken.
Commercie zou de boventoon voeren.
Eén en ander wordt door de officals natuurlijk tenstelligste ontkent.
Deze verklaren dat de vechters van tegenwoordig ware profs zijn en hun inkomen in de ring verdienen.
De meeste vechters komen uit de provincie naar Bangkok, nadat zij in hun regio hun kunde bewezen hebben.
Veelal komen de vechters uit de economische lage klassen en vechten zoveel als mogelijk met zeker elke maand een gevecht, dit om in hun levensonderhoud te voorzien.
De introduktie van bokshandschoenen heeft volgens hen het aantal technieken welliswaar beperkt, maar het heeft ook een aantal voordelen voor de vechters met zich meegebracht.
Door de gewichtsklasse indeling en het opzetten van een rankinglist kreeg de participatie een nieuwe impuls en werd het aantal ernstige blessures aanmerkelijk teruggebracht.

Bij Muay-Thai wedstrijden in Thailand laat het wedstrijdreglement zeer veel toe, o.a. elleboogs- en knietechnieken naar het hoofd. Gezien de vele **honderden** wedstrijden die **wekelijks** in Thailand gehouden worden, moet het aantal ernstige blessures, ondanks de zeer harde toegestane technieken, als minimaal beschouwd worden. Voor een veilige beoefening van de sport zijn bovengenoemde technieken in Europa verboden.
Muay-Thai kan zich verheugen in een stijgende popualriteit, in vele landen buiten Thailand, met name Nederland, België, Duitsland, Noorwegen, Zweden, Joegoslavië en Frankrijk.
Diverse Muay-Thai organisaties en de toeristen organisatie van Thailand hebben veelvuldig publiciteits kampagnes gevoerd, teneinde de sport in andere landen te promoten.
Het succes van deze kampagnes was en is aanzienlijk te noemen.

Mr. Montri   Mr. Chalermpong

Ook Nederland werd in januari 1984 vereerd met een bezoek van de hoogste autoriteiten op het gebied van het Muay-Thai, te weten Mr. Montri Mongkolsawat (manager of Rajadamnern stadion) en Mr. Chalermpong Cheosakul (executive secretary Thailand Boxing Commission).

Dit bezoek had ten doel het Muay-Thai zowel Europees als mondiaal te struktureren.
In de vergadering die op 15 januari '84 werd belegd en waar 8 Europese landen een vertegenwoordiger hadden afgevaardigd, werd officieel de European Muay-Thai Association opgericht.
Daarenboven werden stappen gezet in de richting van een World Muay-Thai Association, waar landen als Japan, Korea, de Phillipijnen, U.S.A., Hong Kong e.a. bij betrokken zijn.
De problemen voor deze organisatie spelen zich vooral af rondom de wettelijk toegestane technieken in de diverse landen.
Zoals reeds eerder werd vermeld zijn in de Westerse landen elleboog- en knietechnieken naar het hoofd niet toegestaan, en om deze reden werden de regels enigzins aangepast.
De doelstelling, het Muay-Thai in haar meest pure vorm te beoefenen, wordt echter zoveel mogelijk nageleefd.

De hoogste eer die een vechter in Thailand te beurt kan vallen is mee te doen in de wedstrijden voor "de beste bokser van het jaar".
Deze titel wordt toegekend door Zijne Majesteit Koning Bhumipol Adulyadet.
De vechters participeren in wedstrijden van circa hun 16e tot hun 25ste levensjaar.

Beker uit handen van Zijne Majesteit, de Koning van Thailand

Vele treden dan gedurende een korte tijd toe tot een Boedistisch klooster, om na een periode terug te keren naar het trainingskamp om daar als assistenttrainer te fungeren; andere ex-vechters openen een eigen kamp of gaan in zaken.
De band met de vechtsport wordt echter zelden volkomen verbroken.

Traditionele riten en gewoonten

Voordat een jonge man toe kan treden tot een trainingskamp moet hij een aanvraag indienen bij de betreffende leraar.
Afhankelijk van zijn karakter en kunde zal de betreffende jongen dan worden aanvaard of geweigerd.
Bij aanvaarding zal de student de Wai Kruh ceremonie moeten ondergaan. Deze ceremonie wordt overal toegepast en is uniform van aard. Het belangrijkste onderdeel van de Wai Kruh is de gelofte van trouw aan de leraar en de daarop volgende meditatie, boedistische rituelen en een toespraak van de leider van de ceremonie en de leraar.
Als de jonge vechter geschikt wordt geacht om zijn eerste gevecht te leveren, krijgt hij een ringnaam toebedeeld.
Deze naam wordt hem door de leraar gegeven en is gestoeld op de karakteristieken van de betreffende leerling.
De achternaam van de aspirant vechter is die van het kamp en is zodoende voor elke vechter van het kamp hetzelfde; het wordt als het ware zijn familie naam.
Als een vechter veel wedstrijden verliest, wordt zijn naam als niet passend beschouwd.
De leraar zal dan, na een meditatie, een andere meer toepasselijke naam voor de vechter kiezen.

Een belangrijk onderdeel voor het gevecht en hierin onderscheid het Muay-Thai zich van het Kick-Boxing, is het ritueel vóór het gevecht.
Dit ritueel bestaat uit een aantal balletachtige bewegingen die in slowmotion worden uitgevoerd.
Deze dans wordt door muziek begeleid.
De vechter knielt in de ring met zijn gezicht in de richting van zijn kamp, huis of geboorteplaats.
Dan bedenkt hij zijn ogen met zijn handschoenen en bid tot zijn God, terwijl hij driemaal het canvas met zijn hoofd en handschoenen aanraakt.
Hierna volgt de "Ram Muay" of boxing dans.
Deze dans wordt op veler wijze uitgevoerd.

Elke vechter verwerkt er zijn persoonlijke karakteristieke bewegingen in. Sommigen lopen langzaam de ring in het rond, terwijl zij hun hand over het bovenste touw laten glijden.
De bokser kijkt hierbij op een nogal woeste manier in de richting van het publiek. Deze woeste blikken zijn echter niet voor hen bedoeld, maar hebben de intentie kwade geesten af te schrikken. Bij elke ringhoek stopt de bokser, legt zijn hoofd op het ringtouw en stampt een aantal malen met zijn voet op de grond.
Zijn krachten vullen de ring en geen hoek zal een schuilplaats voor zijn tegenstander kunnen zijn.
Een andere vechter zal op zijn rechter knie knielen, daarbij zijn balans bewarend door middel van zijn tenen van de linker voet. De bokser maakt hierna een vliegende of zwemmende beweging met zijn armen, terwijl hij naar voren en naar achteren beweegt.
Veelal worden deze bewegingen naar alle zijden van de ring uitgevoerd.
Vervolgens staat de vechter op en begint een gevecht in slowmotion met een denkbeeldige tegenstander naar de vier zijden.
De "Ram Muay" wordt afgesloten met een stil gebed en het opzeggen van bezwerende formules.

Het is de vechters toegestaan gedurende het gevecht een "Kruan-grang" te dragen.
Deze van textiel of touw vervaardigde talisman die om één of om beide armen gedragen kan worden bevat vaak beschermende kruiden of een foto van Boedha.
Tijdens het gehele ritueel voor het gevecht wordt de "Mongkon" of hoofdband gedragen.
Deze vingerdikke hoofdband is eigendom van de leraar en wordt als heilig beschouwd.
Na de beëindiging van de "Ram Muay" en voor de aanvang van de eerste ronde, zegt de trainer of één van zijn assistenten met gevouwen handen een kort gebed en licht de "Mongkon" van het hoofd van de vechter, daarbij in het haar van pupil blazend.
Deze laatste handeling zou de bokser geluk geven.

Een ander zeer belangrijk onderdeel van de wedstrijden is de muziek tijdens de ceremonie voor het gevecht en het gevecht zelf.
In Europa en andere westerse landen waar het Muay-Thai wordt beoefend, wordt van vooraf opgenomen muziek gebruik gemaakt. In Thailand worden de wedstrijden met life-muziek opgeluisterd. Dit heeft als voordeel dat de snelheid van de muziek aangepast kan worden aan de gebeurtenissen in de ring.
De Wong Muay, zoals het orkest wordt genoemd, bestaat uit de Pi Chawa ofwel Java fluit; de Ching, een percussie instrument bestaande uit twee zwaar metalen kommen en de Clawng Khaek, twee drums die elk een verschillende toonhoogte hebben.
De orkest-leden kennen elke beweging van de vechters en letten nauwgezet op, daarbij variërend van tempo en volume, afhankelijk van de beweging in de ring.

De geschiedenis van het Muay-Thai in Nederland.

Het Muay-Thai werd in Nederland omstreeks 1978 geintroduceerd. Voor 1978 hield men zich voornamelijk bezig met full-contakt karate en kick boksen, de Japanse vorm van het Thai-boxing. In 1978 werd een ploeg Chakuriki vechters afgevaardigd naar Bangkok om te vechten in het Lumpini Stadion, samen met het Rajadamner Stadion het grootste van Thailand, waar alle belangrijke wedstrijden gehouden worden.

Daar bleek dat ondanks de ervaring vele gevechten in het Free-fight, Full-contact karate en het kickboxing, de Nederlanders geen partij konden bieden aan de Thai's. Hieruit blijkt dat Muay Thai beschouwd kan worden als de meest effectieve gevechtssport.

Door het relatief grote aantal wedstrijdbeoefenaren, wijziging van trainingsmethoden, doch vooral door de verwervingen van grote deskundigheid in de afgelopen jaren bij een niet onaanzienlijk aantal trainers/leraren kan de Nederlandse top zich thans meten met de Thaise top.

De geboekte vooruitgang in deze relatief korte tijd zou men verbluffend kunnen noemen.

Kijken we echter naar de inspanningen die de vechters zich tegenwoordig getroosten, dan is deze vooruitgang goed te verklaren.

De trainingen hebben een eigen "Europees" karakter en zijn niet gekopieerd van de Thai's.

Dit is naar mijn mening ook niet mogelijk, om reden dat de levenswijze van een totaal andere intensie en vorm is als die in Thailand. In Thailand leven de vechters in kampen en hebben geen andere verantwoordelijkheid dan te zorgen dat ze in vorm zijn voor het volgende gevecht.

In Nederland is een jonge vechter leerplichtig en zal om deze reden zijn lesuren op school volgen.

Na zijn schooltijd zal de vechter gaan werken, of, en dit is natuurlijk niet ondenkbaar in de huidige tijd, een uitkering krijgen.

Het zal duidelijk zijn dat juist uit deze laatste groep de beste vechters voortkomen, immers zij kunnen in de regel twee tot drie maal per dag de trainingen volgen.

Het is mede door deze hoge trainingsfrequentie die Nederland in korte tijd op het zelfde nivo als Thailand heeft gebracht.
Men hoeft slechts te duiden op personen als v.d. Vathorst, Tekin, Sprang-Colak, Garbin, Ballantine, Ellabassie en andere vechters om de kwaliteiten van de Nederlandse top te onderkennen.
Het moet gezegd dat deze vechters tot of de eerste of de tweede "generatie" vechters behoren die het Muay-Thai beoefenen.
Wij kijken met spanning uit naar de volgende generaties.

R. v.d. Vathorst (Chakuriki)　　　Tekin (Chakuriki) Eerste Europees
v.s. Nonglek (Thailand)　　　　　kampioen van de E.M.T.A.

Trainingstechnieken en methoden

De trainingsmethoden hebben zich in de loop der tijd in Nederland sterk aangepast.
Mede hierdoor heeft Nederland zich tot een zeer sterke natie op het gebied van het Muay-Thai weten te ontwikkelen.
De trainingen hebben zich van drie maal per week uitgebreid tot twee maal per dag, één uur lang, buiten de looptrainingen om.

Een trainingsschema kan uit de volgende onderdelen bestaan;
's morgens.
- 15 minuten touwspringen met verschillende tempo's
- 5 minuten schaduwboksen,
- 3 ronden boksen en 3 ronden allround op de boks en trap zakken, á 3 minuten met 1 minuut rust of,
- 3 - 5 ronden op het trapkussen á 3 minuten met 1 minuut rust,
- 3 - 7 minuten clinchen.
- 3 - 5 ronden sparren á 3 minuten met 1 minuut rust,
- 5 minuten touwspringen en
- 5 - 10 minuten buikspieroefeningen.

's avonds.
- 5 minuten schaduwboksen,
- 6 - 10 ronden sparren á 3 minuten met 1 minuut rust,
- algemene oefeningen, zoals push-ups, situps, kikkeren e.d..
- touwspringen
- zak en/of trapkussen training.

Ploos v.s. Brito
Mooi Muay-Thai moment uit een wedstrijd

Basistechnieken van het Muay-Thai.

Voor de aanvang van de training kan men een aantal stretchoefeningen doen, die dienen als opwarming- en soepel maken van spieren.
Deze stretch- en draaioefeningen zijn bestemd voor nek, rug, benen, heupen en armen. (ZIE FOTO'S)

1a   1b

1c *1d*

1a. Draaien van de nek. Men houdt de handen in de zij en met iets opgetrokken schouders, draait men het hoofd langzaam in het rond. 10 maal linksom en 10 maal rechtsom.
1b. Losdraaien van heupen en onderrug. Met de handen in de zij maakt men een draaiende beweging uit de heup.
1c. Het rekken van de hamstrings of tweehoofdige dijbeenspier. Na een aantal keren een licht verende beweging met het hoofd naar de knieën gemaakt te hebben, zet men deze spieren onder spanning gedurende 15 seconden.
1d. Het rekken van de liezen en het losmaken van het heupgewricht.
Met opgetrokken benen laat men de knieën licht op en neer bewegen en drukt ze daarna dmv de ellebogen gedurende 10 - 15 seconden naar beneden.

2a. Vanuit de zelfde houding als 1d. veert men langzaam met de borst naar de tenen.
Hierna zet men de spieren onder spanning door de borst op de tenen te drukken en zo rustig ademend 10 - 15 seconden te blijven zitten.
2b. Rekken van de liezen en onderrug. Men gaat in spreidzit zitten en veert circa 10 maal naar zowel het linker als het rechter been. Ook na dit veren spant men de spieren weer gedurende 10 - 15 seconden aan, daarbij wederom rustig adem halend.
2c. De spagaat. Ook dit is een rekoefening voor de liezen.
Men moet er op letten dat men het lichaam goed rechtop houdt.

2a

2b

2c

Kracht eigen lichaam

3a 3b

3a en 3b. Een kracht oefening voor de benen is de squat. Met de handen bij het hoofd zakt men door de knieen en komt daarna weer omhoog.
Deze oefening kan men in frequentie doen toenemen alnaar-gelang konditie en spierkracht.
Men kan deze oefening ook in een contra beweging uitvoeren; men begint nu in hurkzit, komt omhoog en zakt weer terug door de knieen.

3c en 3d. De pushup. Dit is een krachtoefening voor borst, armen en schouders.

Vanuit de begin positie zakt men door de armen en drukt zich daarna langzaam op, totdat men weer in de beginhouding staat.

Men dient er zorg voor te dragen dat men niet met de borst de grond raakt, maar vlak daarvoor weer omhoog komt.

3c

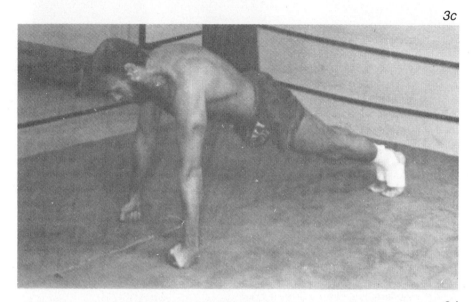

3d

4a en 4b. Buikspier oefening. De roeibeweging.
Men zit met de benen opgetrokken balanserend op de billen; de benen worden vervolgens gestrekt, om ze daarna weer in te trekken.
4c. De sit-up. Men kan deze oefening zowel recht als met een schroefbeweging uitvoeren.

4b

4c

Basisgevechthouding.

Thom Harinck   *Nick Bloemberg*

5 De basishouding, zoals men die tegenwoordig gebruikt. De ideale houding is, die houding, waarbij de benen circa 40 cm. uit elkaar zijn geplaatst, met een van de voeten iets voor de ander.
De ellebogen worden in een lagere positie gehouden als de oksels en de handen moeten niet boven het hoofd uitkomen, maar de zijkant van het hoofd en de kin goed afdekken.

In principe kent men bij het Muay-Thai vijf verschillende stoottechnieken, vier elleboog technieken, drie knietechnieken en vijf voettechnieken.

De voettechnieken.
De ronde trap of Dtae Wiang laag.

Deze techniek kan men als het handelsmerk van het Muay-Thai beschouwen.
De ronde trap kan met, zowel het scheenbeen als de wreef gegeven worden. Het is één van de effectieve trappen die reeds vele k.o.'s heeft veroorzaakt.
De Dtae wiang kan gericht worden naar alle delen van het lichaam; naar de benen, het middenrif en naar het hoofd.

6a en 6b. Hier ziet men hoe de ronde trap geplaatst wordt met het achterste been naar het voorstaande been van de tegenstander, met als doel de peesplaat aan de zijkant van het been te raken.

6c

6d

6c en 6d. Hier ziet men de lage ronde trap of low-kick gericht op de binnenkant van het been en op het standbeen.
Met deze laatste techniek wordt de tegenstander uit balans gebracht en het komt veelvuldig voor dat men de tegenstander onderuit trapt.

7a

7b

7a en 7b Inzet van de contra low-kick. Men geeft de low-kick nu met het achterste been met als doel het achterste been van de tegenstander te raken.
7c. Hier wordt de low-kick uit clinch positie gegeven.

7c

De voorwaartse trap of Teep.

De lage voorwaartse trap ziet men niet of nauwelijks in wedstrijden. Deze techniek wordt, evenals de ronde trap gegeven met de wreef of het scheenbeen en is gericht op het kruis. In Europa is dit verboden.
De Teep, zoals die in wedstrijden veelvuldig te zien is wordt met de bal van de voet, of met de volle voetzool gegeven en is gericht op het middenrif of het gezicht.

8a

8a. Hier ziet men een voorbeeld van een teep gericht naar het middenrif.
8b. Indien de techniek met de hiel naar het hoofd van de tegenstander wordt geplaatst en geraakt, wordt dit opgevat als een zeer ernstige vernedering en brengt ongeluk.

8b

De achterwaartse trap.

9a

9a en 9b. Deze trap heeft dezelfde funktie als de voorwaartse trap, namelijk het uit balans brengen van de tegenstander en wordt hier naar het middenrif geplaatst.

9b

De zijwaartse trap.

10a en 10b. Deze trap lijkt enigzins op de Yoko-geri uit het karate, met dit verschil dat het geen werkelijke trap is maar een duwbeweging.
De funktie is hetzelfde als de ronde- en achterwaartse trap.

De ronde trap of Dtae Wiang.

10c en 10d. Hier ziet men de techniek gericht naar het middenrif. Deze veelvuldig toegepaste techniek wordt vaak met een kleine tussenstap gegeven, teneinde een slinger beweging te bewerkstelligen.
Door deze slingerbeweging krijgt de trap meer kracht en snelheid dan de uit het karate afkomstige mawashi-geri.

10c

10d

11a en 11b. De hoge ronde trap naar het hoofd wordt frequent toegepast door de meer ervaren vechters.
11c. De springende vorm, de Kradot Dtae, van de ronde- en de voorwaartse is ook populair bij de meer ervaren vechters.

11a

11b

11c

Het Clinchen.

12a

12a en 12b.
Deze balanstechnieken worden geoefend om de nek, armen en rug te versterken.
De bedoeling van één en ander is dat men tijdens het clinchen zo dicht mogelijk bij zijn sparringspartner blijft en het kontakt met hem niet verliest; dit om te voorkomen dat de tegenstander knie- of elleboogtechnieken in kan zetten.
Men probeert nu zijn tegenstander uit balans te brengen en zelf knie- en elleboogtechnieken in te zetten; op benen, middenrif armen en eventueel het hoofd.

12b

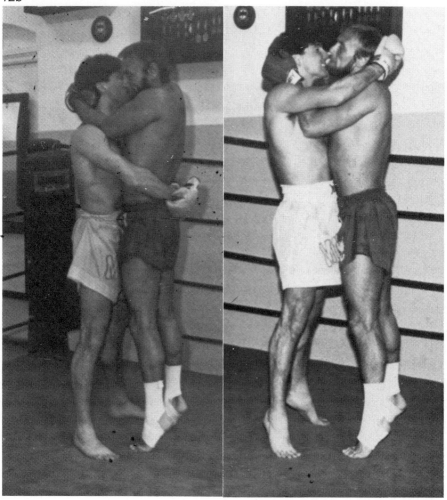

De knie of Kao.

De knie kan men beschouwen als één van de meest effektieve wapens van de thaibokser.

Deze technieken worden dan ook iedere dag geoefend, hetzij op de zak, hetzij met een sparringspartner.
Men kent een aantal variëteiten.

13a   13b

13a en 13b. De zijwaartse indraaiknie of Dtai Kao.
Vanuit de clinchpositie wordt de knie naar opzij gedraaid om daarna met kracht op de nieren of ribben gezet te worden.
13c. Hier wordt een kniestoot gegeven op de binnenkant van het been van de tegenstander.
13d. De voorwaartse knie of Kao Drong.
Men grijpt het hoofd van de tegenstander en terwijl men het hoofd naar beneden trekt, laat men de knie van achteruit met kracht omhoog komen.
Deze techniek kan zowel gericht zijn naar het middenrif als het hoofd.

13c   13d

14a. Hier wordt de knie, vanuit de clinch, schuin omhoog in de ribben of nieren van de tegenstander gegeven.
Het verschil met de indraaiknie is dat deze met een recht naar beneden gericht onderbeen gegeven wordt, terwijl bij 14a. techniek het onderbeen een diagonale houding heeft.

14b. De knie wordt nu zonder dat men kontakt heeft met zijn tegenstander, recht naar voren in het middenrif van de tegenstander geplaatst.
Deze techniek kan ook als verdedigingstechniek gebruikt worden.

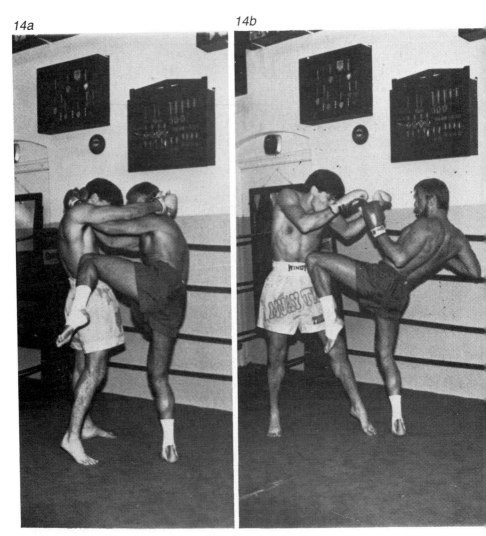

14a

14b

14c en 14d. Deze spektakulaire knietechniek wordt in een springende beweging gegeven en kan gericht zijn op het hoofd of het middenrif.

14c   14d

Blokkeringen.

Men kan, afgezien van het shiften en ontwijken, trappen en andere aanvallen van een tegenstander blokkeren.

15a

15b

15c

15a tot 15b. Veel vechters blokken een trap automatisch met de onderarm
en een been, hetzij met arm en been van de zelfde kant, hetzij met een arm en een kontrablok van het been.

15c. De knie afduwblok. Teneinde knietechnieken van de tegenstander af te stoppen, kan men in de clinch de knie op het middenrif van de tegenstander plaatsen en tegelijkertijd hard aan de nek van de tegenstander trekken.

De lowkick blokkering.

16a

16b

16a, 16b en 16c. Het blokken van de ronde trappen met een onderbeen is een frequent toegepaste techniek die, hoewel pijnlijk voor beide partijen, als bijzonder effektief gekwalificeerd kan worden.
Om deze reden moeten de schenen dan ook, door middel van zaktraining en trapkussentraining, gehard worden.

16c

Bokstechnieken

17. Toen in de '30er jaren de bokshandschoen werd ingevoerd, werd het aantal handtechnieken aanmerkelijk gereduceerd.
Openhand en vingertechnieken behoren niet langer tot de mogelijkheden.
De handtechnieken zijn hoofdzakelijk afgestemd op de internationale bokstechnieken, waarbij de opstoot, de direkte stoot, de hoeken en de swing als de belangrijkste technieken aangemerkt kunnen worden.

17a

17a en 17b. De stopstoot en de direkte stoot.
De direkte stoten, zowel links als rechts toepasbaar, worden gegeven met grote snelheid en kracht.
Het verschil tussen de stopstoot en een direkte stoot is dat een stopstoot geplaatst wordt met de zelfde arm als het voorstaande been.
De direkte stoot wordt gegeven met de kant van het achterste been en men stapt met het achterste been iets bij om de stoot meer kracht te geven en om dichter bij de tegenstander te komen.

17b

17c en 17d. De opstoot.
De indraai-opstoot wordt gegeven met een vertikaal gehoekte arm en kan gericht zijn naar het gezicht of het middenrif. Ook bij deze stoot wordt de kracht verkregen door met het been enigzins bij te stappen.

17c

17d

18a en 18b. De linker- en rechterhoek.
Deze stoten worden met een horizontaal gehoekte arm gegeven. Tijdens het stoten draait men het lichaam iets in, om meer stootkracht te krijgen.

18c en 18d. De opstoot in het lichaam wordt gericht op lever, middenrif of nieren.
Deze lichaamsdelen zijn bijzonder effektieve wapens in het "close-combat".
Een goed geplaatste leverstoot verkrampt het middenrif van de tegenstander, waardoor deze ademhalingsproblemen krijgt.

18c

18d

De elleboog.

Deze technieken zijn specifieke Muay-Thai wapens voor de korte afstand. De elleboog heeft door het harde bot aan het uiteinde een uiterst destruktieve werking, indien geplaatst naar het hoofd.
Vele verwondingen aan het hoofd worden juist door elleboog technieken veroorzaakt en menige wedstrijd is hierdoor vroegtijdig beslist.
Nogmaals, in Nederland en in de andere westerse landen zijn elleboog- en knietechnieken naar het hoofd niet toegestaan.
Wel wordt er op deze technieken getraind, omdat ze nu eenmaal een onverbrekelijk onderdeel van Muay Thai vormen.

19a

Er bestaan een aantal varianten van deze technieken: zo kent men de voorwaartse, de achterwaartse en de benedenwaartse elleboog.
De meest eenvoudige technieken zien we op de foto's.
19a en 19b. De arm wordt in een V-vorm gebogen.
 Dan wordt de elleboog met kracht naar de zijkant van het hoofd van de tegenstander geplaatst.
 Men dient er zorg voor te dragen dat het hoofd goed wordt afgedekt.

19b

19c. De achterwaartse elleboogstoot.
Bij deze techniek stapt men, indien men rechts voor staat, in met het linkerbeen naar de rechterkant.
Men staat nu in principe met de rug naar de tegenstander. Het lichaam laat men nu met kracht doordraaien, daarbij houdt men de elleboog horizontaal gericht op het hoofd van de tegenstander.

19c

19d. De lange lichaamsstoot.
Deze direkte stoot kan gericht zijn op de milt, lever of solar plexus en is bedoeld om de lucht uit het lichaam van de tegenstander te slaan.

19d

20a t/m 20d. Hier worden enige onderdelen van een training in beeld gebracht.
-Schaduwboksen. Deze training is bedoeld om de technieken te vervolmaken en om de spieren op te warmen.
Tijdens deze training maakt men alle stoten en trappen die men normaliter in een gevecht ook gebruikt en worden nieuwe kombinaties ingestudeerd.
- stootpatstraining. Tijdens deze trainingen kan men de stoottechnieken vervolmaken en de conditie door middel van snelle stootwisselingen verhogen.
-Punchbaltraining. De punchbal is een bewegelijk voorwerp en is om deze reden uitermate geschikt om het shiften, duiken en stoot- en traptiming aan te leren.
-Touwspringen. Het touwspringen wordt beoefend om de konditie te verhogen van hart, longen en spieren.
De intensiteit van het springen kan men variëren door tempowisselingen in de trainingen in te passen en/of gebruik te maken van zwaardere touwen. (b.v. plastic touwen gemaakt van tuinslang.)

20a

20b

20c

20d

21. Hier zien we een aantal trainingen die tot doel hebben de konditie te verhogen en een bepaalt vechtritme te krijgen.

21

Het zwachtelen van de handen.

De handen worden gezwachteld om de polsen en de beenderen in de handen te behoeden voor blessures.
De eerste winding gaat om de hand, waarna men over de rug van de hand naar de pols gaat.
Om de pols wordt een tour gemaakt, waarna men wederom over de rug van de hand, van binnen naar buiten, over de wijsvinger een kruis maakt.
Na deze slag gaat men over de rugzijde van de hand naar de pinkzijde van de pols en maakt om de pols weer een tour, om vervolgens over de rugzijde een kruis om de middelvinger te maken.
Men herhaalt een en ander tot alle vingers omwikkeld zijn.
Men kan de stevigheid van deze omzwachteling verhogen door de polsen en knokkels van de handen met stukken tape in te tapen.

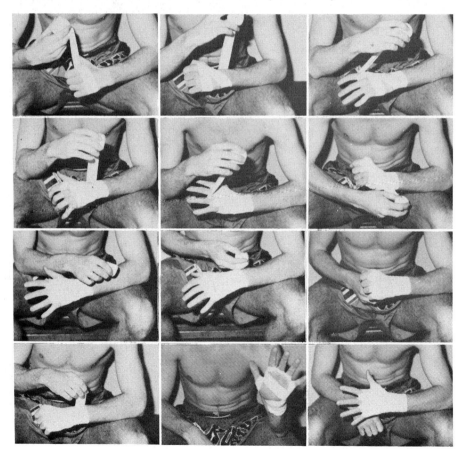

Glenda met leraar T. Harinck. 5 wedstrijden gevochten.

THAI BOXING WEDSTRIJDREGLEMENT VAN DE M.T.B.N.

Hoofdstuk I - Algemene bepalingen

ARTIKEL 1 - ALGEMEEN

Geen der artikelen van dit wedstrijdreglement mag in strijd zijn met enig artikel van de Statuten en/of Huishoudelijk Reglement van de M.T.B.N.

ARTIKEL 2 - ERKENNING VAN WEDSTRIJDEN

De M.T.B.N. kent en erkent wedstrijden en/of demonstratie's, zowel in het openbaar als in besloten kring, mits zij hiervoor haar toestemming heeft verleend.

ARTIKEL 3 - WEDSTRIJD ORGANISATIE

a. Het organiseren van wedstrijden en/of demonstratie's kan alleen geschieden door:

de M.T.B.N.
de Promotors.

b. Wedstrijden en/of demonstratie's mogen alleen plaatsvinden indien daarvoor door of namens het Hoofdbestuur een verlofbewijs is afgegeven.

c. Bij het organiseren van wedstrijden en/of demonstratie's dient streng de hand te worden gehouden aan het gestelde in dit reglement en het Huishoudelijk Reglement van de M.T.B.N.

ARTIKEL 4 - LIDMAATSCHAP

a. Degene, die aan de, door de M.T.B.N. erkende Thai-Boxingwedstrijden en/of demonstratie's wenst deel te nemen, moet tenminste één maand als lid bij de M.T.B.N. staan ingeschreven.

b. Buitenstaanders kunnen aan door de M.T.B.N. erkende wedstrijden en/of demonstratie's deelnemen, indien zij lid zijn van een internationaal erkende organisatie op Thaiboksgebied en hiertoe schriftelijke toestemming hebben van deze buitenlandse organisaties.

ARTIKEL 5 - DEELNAME AAN WEDSTRIJDEN

a. Leden van de M.T.B.N. mogen zonder toestemming van het Hoofdbestuur niet deelnemen aan Thai-Boxingwedstrijden en/of demonstratie's in binnen- en buitenland.
b. Overtreding van deze bepaling kan worden gestraft met intrekking van de wedstrijdlicentie.
c. Het Hoofdbestuur is gerechtigd leden van de M.T.B.N. het deelnemen aan wedstrijden en/of demonstratie's te verbieden, indien zulks naar het oordeel van het Hoofdbestuur de belangen van de leden of die van M.T.B.N. of die van de Thai-Boxingsport in het algemeen zouden kunnen schaden.

ARTIKEL 6 - LEEFTIJDSBEPALINGEN

Leeftijd van de deelnemers.
Junioren van 16 t/m 18 jaar.
Senioren van 18 t/m 35 jaar.

Een nieuweling Thai-Bokser, die voor de eerste keer in de ring verschijnt om deel te nemen aan de wedstrijd, mag niet ouder zijn dan 30 jaar.

Hoofdstuk 2 - Scheidsrechter en Juryleden

ARTIKEL 7 - DIPLOMA SCHEIDSRECHTER / JURYLID

Degene die de bevoegdheid wil verkrijgen voor het fungeren als scheidsrechter en/of jurylid bij Thai-Boxingwedstrijden van de M.T.B.N., dient aan de volgende bepalingen te voldoen.

a. Tenminste één jaar onafgebroken lid van de M.T.B.N.;
b. Van onbesproken gedrag zijn;
c. Een officiële scheidsrechtercursus hebben gevolgd en met goed gevolg deze cursus hebben beëindigd;
d. Scheidsrechters dienen de leeftijd van 18 jaar bereikt en die van 55 jaar nog niet overschreden te hebben;
e. Beschikken over een geldige scheidsrechter en/of jury licentie.

ARTIKEL 8 - KLASSIFICATIE SCHEIDSRECHTERS EN JURYLEDEN

Scheidsrechters en juryleden worden naar gelang hun bekwaamheid in klassen ingedeeld.

a. SCHEIDSRECHTERS

    1 Scheidsrechter internationaal
      zij leiden en berechten alle wedstrijden;

2 Scheidsrechter in A en B klasse
zij leiden en berechten wedstrijden in de A en B klasse;
3 Scheidsrechter in C en Nieuwelingen klasse
zij leiden en berechten wedstrijden in de C en Nieuwelingen klasse.

b. JURYLEDEN

1 Juryleden internationaal
zij zijn bevoegd te fungeren op alle wedstrijden;
2 Juryleden in de A en B klasse
zij zijnbevoegd te fungeren in de A en B klasse wedstrijden;
3 Juryleden in de C en Nieuwelingen klasse
zij zijn bevoegd te fungeren in de C en Nieuwelingenklasse wedstrijden.

c. KLASSERING VAN SCHEIDSRECHTERS EN JURYLEDEN

De promotie naar een hogere klasse c.q. terugplaatsing naar een lagere klasse van scheidsrechters en juryleden geschiedt uitsluitend door het Hoofdbestuur, zulks op voordracht van de Klassificatiecommissie.

ARTIKEL 9 - LICENTIE SCHEIDSRECHTER / JURYLID

a. Gediplomeerde scheidsrechters en/of juryleden dienen telkenjare in de eerste maand van het kalenderjaar een licentie aan te vragen, geldig voor dat kalenderjaar.
b. Geen scheidsrecht en/of jurylid mag als zodanig fungeren zonder in het bezit te zijn van een geldige licentie.
c. Het Hoofdbestuur kan weigeren een licentie te verstrekken dan wel opdracht geven de licentie in te leveren.
d. Het Hoofdbestuur kan aan het verstrekken van een licentie bepaalde voorwaarden verbinden; in dit geval zal de reden aan betrokkene(n) schriftelijk worden medegedeeld.

ARTIKEL 10 - KLEDING VAN DE SCHEIDSRECHTERS / JURYLEDEN

a. De scheidsrechters zijn gekleed in een zwarte pantalon, wit shirt, evt. een zwarte vlinderdas en sportschoenen zonder hakken.
b. Op het shirt dient ter hoogte van de linker borstzak het M.T.B.N. embleem te worden bevestigd.
c. Het dragen van een bril in de ring is verboden, alsmede het dragen van een horloge, sierringen, alsook manchetknopen.
d. Gedurende de perioden dat de juryleden in functie zijn tijdens internationale of nationale wedstrijden en hebben plaatsgenomen op de voor hen gereserveerde stoel aan de ring mogen zij hun plaats niet eerder verlaten dan nadat de uitslag van de wedstrijd door de speaker is bekend gemaakt.

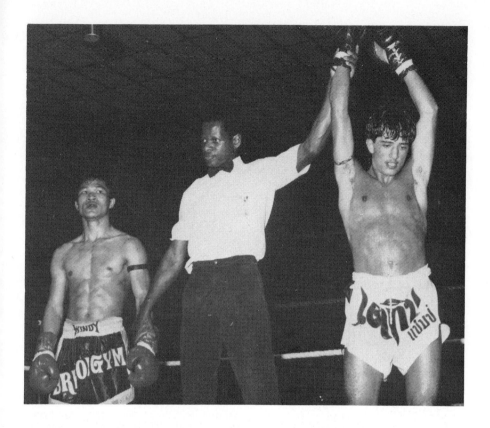

ARTIKEL 11 - VERPLICHTINGEN VAN DE SCHEIDSRECHTER

Voor aanvang van de wedstrijden/demonstratie's is de scheidsrechter verplicht zich er persoonlijk van te overtuigen dat:
a. De vergunning aanwezig is;
b. De ringarts aanwezig is;
c. Alle deelnemende vechters zijn gekeurd en geschikt bevonden voor deelname aan de wedstrijden en/of demonstratie's;
d. Alle deelnemende vechters zijn gewogen;
e. Alle deelnemende vechters gekleed zijn in het voor hen geldende vechttenue;
f. De startboekjes met keuringsbewijzen zich bevinden bij de wedstrijdadministrateur;
g. De ring, ringvloer, handschoenen etc., voldoen aan de eisen zoals gesteld in dit reglement;
h. De instruceurs sportief gekleed zijn (trainingspak);
i. De prijzen aanwezig zijn.

Indien aan één of meerdere punten van het vorenstaande niet wordt voldaan dient de scheidsrechter hieromtrent kontakt op te nemen met de wedstrijdorganisatie en deze in te lichten. De wedstrijdorganisatie is verplicht maatregelen te nemen dat de door de scheidsrechter geconstateerde onvolkomenheden worden hersteld.

ARTIKEL 12 - COMMANDO'S

De scheidsrechter zal alleen van de volgende commando's gebruik maken:
"FIGHT" - "STOP" - "BREAK"

ARTIKEL 13 - HET "NEER" -ZIJN VAN EEN VECHTER

De vechter wordt geacht "neer" te zijn, wanneer:
a. Enig ander lichaamsdeel dan zijn voeten de ringvloer raakt;
b. Hij de touwen van de ring gebruikt, hetzij om zich te beschermen, hetzij om zich op te richten;
c. Hij hulpeloos over de touwen hangt of hier tegenaan leunt;
d. Hij ophoudt met vechten;
e. Hij opkomt uit een downpositie;

Wanneer een vechter niet tengevolge van een stoot neergaat, b.v. door struikelen, wordt niet geacht dat hij "neer" is en dient direct de wedstrijd vervolgd te worden.

ARTIKEL 14 - WEDSTRIJD HERVATTEN NA HET COMMANDO "FIGHT"

Indien een vechter "neer" gaat tengevolge van een stoot of trap verkeert hij in een zodanige positie dat de scheidsrechter **moet** gaan tellen, dan mag de desbetreffende vechter in geen geval de wedstrijd hervatten alvorens de scheidsrechter, ook al is de vechter die "neer" ging eerder in de vechthouding terug gekomen, het commando "FIGHT" heeft gegeven.
De scheidsrechter is verplicht te tellen tot en met de achtste tel en mag eerst dan het commando "FIGHT" geven.

ARTIKEL 15 - NEERGAAN DOOR EEN FOUTIVE STOOT, TRAP OF HANDELING

1. Indien een vechter blijkens zijn reactie neergaat tengevolge van een volgens hem foutive stoot, trap of handeling van zijn tegenstander en de scheidsrechter heeft deze foutieve stoot, trap of handeling geconstateerd, dan is de scheidsrechter verplicht de vechter, die deze foutieve stoot, trap of handeling heeft gepleegd, onmiddellijk te diskwalificeren. De scheidsrechter is alsdan verplicht de juryleden in kennis te stellen van zijn beslissing. De vechter die is neergegaan zal tot winnaar worden uitgeroepen.

2. Indien een vechter blijkens zijn reactie neergaat tengevolge van een volgens hem foutieve stoot, trap of handeling van zijn tegenstander, doch de scheidsrechter heeft geen overtreding geconstateerd, dan is de scheidsrechter verplicht te tellen tot tien. Wanneer de vechter die is neergegaan, niet in staat is de wedstrijd bij de tiende tel te hervatten, zal de scheidsrechter de woorden "tien-out" niet uitspreken. Na de tiende tel zal hij de wedstrijd stoppen en de juryleden vragen of zijn een foutieve stoot, trap of handeling hebben gezien.

Vathorst verslaat de bekende Fanta Attapong. 2e ronde K.O.

De juryleden kunnen desgevraagd alleen de woorden gebruiken: "niet gezien", "fout" en "correct", hetgeen zij eveneens vermelden op de puntenbriefjes. De volgende uitspraken kunnen zich voordoen:

NIET GEZIEN-FOUT-FOUT
De vechter die de wedstrijd heeft gestaakt, wordt tot winnaar uitgeroepen, terwijl zijn tegenstander wordt gediskwalificeerd.

NIET GEZIEN-CORRECT-CORRECT
De vechter die de wedstrijd heeft gestaakt, wordt verliezer door K.O.

NIET GEZIEN-FOUT-CORRECT
De vechter die de wedstrijd heeft gestaakt, wordt verliezer door K.O.

NIET GEZIEN-NIET GEZIEN-CORRECT
De vechter die de wedstrijd heeft gestaakt, wordt verliezer door K.O.

NIET GEZIEN-NIET GEZIEN-FOUT
De vechter die de wedstrijd heeft gestaakt, wordt tot winnaar uitgeroepen, terwijl zijn tegenstander wordt gediskwalificeerd.

NIET GEZIEN-NIET GEZIEN-NIET GEZIEN
De vechter die de wedstrijd heeft gestaakt, wordt verliezer door K.O.

Wanneer de getroffen vechter vóór de tiende tel weer de vechthouding heeft aangenomen en dus in staat kan worden geacht verder te vechten dan zal de scheidsrechter de wedstrijd stoppen indien hij een overtreding heeft geconstateerd en zijn tegenstander een officiële waarschuwing geven.
Indien een getroffen vechter echter zodanig geraakt is dat de scheidsrechter het niet verantwoord vindt de wedstrijd te hervatten, dan moet hij de wedstrijd staken en moet de vechter die de overtreding heeft veroorzaakt, worden gediskwalificeerd.
Wanneer de scheidsrechter geen overtreding heeft geconstateerd doch de juryleden hebben wel een overtreding geconstateerd dan dienen zij de scheidsrechter hiervan zo spoedig mogelijk in kennis te stellen.

ARTIKEL 16 - "TELLEN VOOR DE KNOCK - DOWN"

a. Zodra de scheidsrechter begint te tellen, zal hij de vechter wiens tegenstander "neer" is gegaan, verwijzen naar de verst mogelijke neutrale hoek.
b. Geeft de vechter aan dit bevel geen gevolg of komt deze vechter tijdens het tellen weer uit de neutrale hoek, dan staakt de scheidsrechter het tellen todat deze vechter zich in de neutrale hoek bevindt.
c. De scheidsrechter is verplicht te tellen t/m de achtste tel.
Indien de neergegane vechter door hem dan weer in staat geacht wordt de wedstrijd te hervatten zal de scheidsrechter het commando "FIGHT" geven.

ARTIKEL 17 - "VERBODEN HANDELINGEN WEDSTRIJD VECHTERS"

a. Kopstoten.
b. Elleboogstoten naar hoofd, hals, nek en rug.
c. Alle technieken naar het kruis.
d. Alle traptechnieken naar de gewrichten.
e. Alle knietechnieken naar hoofd en hals.
f. Het slaan of stoten met open en of binnenkant van de handschoenen.
g. Slaan, stoten of trappen na het commando "BREAK" of "STOP" van de ringscheidsrechter.
h. Slaan, stoten of trappen als iemand buiten de touwen is.
i. Doorvechten of trappen als iemand op de grond ligt. Iemand ligt op de grond als hij enig ander lichaamsdeel aan de grond heeft dan zijn voeten.

j. Bijten, spuwen of krabben.
k. Onsportief gedrag.
l. Het gevecht opzettelijk ontlopen.
m. Te laag inkomen met het hoofd.
n. Het beledigen van de scheidsrechter, tegenstander of toeschouwers.
o. Het opzettelijk uit de ring werpen of proberen te werpen van de tegenstander.
p. Het hoofd van de tegenstander naar beneden trekken of duwen en dan trap/knietechnieken uitvoeren naar het hoofd.
q. Het zodanig vasthouden van de ringtouwen teneinde de tegenstander vast of klem te zetten.
r. Het opzettelijk uitspuwen van de mondbeschermer.
s. Simuleren te laag geraakt te zijn.
t. Het niet opvolgen van de commando's van de scheidsrechter.

Wanneer een deelnemer één van de hierboven genoemde handelingen verricht zal de scheidsrechter een vermaning geven bij een kleine overtreding.
Bij herhaling of bij een grote overtreding zal hij een Officiële of Openbare Waarschuwing (O.W.) geven.
Dit moet de scheidsrechter met een duidelijk gebaar kenbaar maken aan het hoofd van de jury.

De eerste O.W. geeft 1 minuspunt per jurylid. Bij de tweede O.W. in de wedstrijd zal de scheidsrechter de wedstrijd stoppen en de overtreder diskwalificeren.

T. Harinck als gast in Bangkok Radjadamnern stadion

ARTIKEL 18 - VERMANINGEN - WAARSCHUWINGEN - DISKWALIFICATIE

a. de scheidsrechter zal bij beoordeling van een verboden stoot, trap of handeling in aanmerking nemen de ernst van het feit en zal naar evenredigheid straffen door het geven van een:
VERMANING
OFFICIËLE EN OPENBARE WAARSCHUWING
DISKWALIFICATIE
b. De scheidsrechter zal er op moeten toezien of door de overtreding van een deelnemer:
Zijn tegenstander wordt geschaad in zijn kansen op een overwinning.
De overtreding OPZETTELIJK werd begaan.
Reeds eerder in de wedstrijd een vermaning en of waarschuwing kreeg.
c. Indien een deelnemer door opspringen, inlopen of omdraaien, het neerslaan van de handschoenen van zijn tegenstander of andere onverwachte bewegingen wordt getroffen op niet reglementaire plaatsen, wordt dit als eigen schuld beschouwd en zal door de scheidsrechter op deze foutieve handeling worden gewezen.
d. Als regel kan worden gesteld dat een deelnemer die reeds tweemaal een vermaning kreeg voor dezelfde overtreding en voor de derde maal wederom dezelfde overtreding begaat, hiervoor een officiële openbare waarschuwing ontvangt.
e. Een deelnemer die reeds tweemaal een officiële openbare waarschuwing kreeg in de wedstrijd en wederom een overtreding begaat waarvoor hij eveneens een officiële openbare waarschuwing moet krijgen, wordt zonder meer gediskwalificeerd.
De scheidsrechter mag geen 3e officiële openbare waarschuwing geven.
f. Een deelnemer kan eveneens een officiële waarschuwing krijgen wanneer zijn instructeur niet gehoorzaamt aan de bevelen van de scheidsrechter, bij herhaling kan dit diskwalificatie van de deelnemer tot gevolg heben.

ARTIKEL 19 - "BEKENDMAKING VAN EEN OFFICIËLE OPENBARE WAARSCHUWING

Indien de scheidsrechter moet overgaan tot het geven van een officiële openbare waarschuwing zal hij:
a. Het commmando "STOP" geven teneinde de wedstrijd tijdelijk te stoppen.
b. Aan de vechter, die de officiële openbare waarschuwing krijgt, door woord en gebaar kenbaar maken voor welke overtreding of verboden handeling hij een officiële waarschuwing krijgt.
c. De juryleden en de speaker mededelen door woord en gebaar waarvoor de betrokken vechter een officiële waarschuwing heeft gekregen.
De speaker zal direkt middels de aanwezige geluidsinstallatie het publiek van deze officiële openbare waarschuwing in kennis stellen.
d. De wedstrijd doen hervatten middels het commando "FIGHT".

ARTIKEL 20 - STAKEN VAN DE WEDSTRIJD

1. De scheidsrechter moet de wedstrijd staken indien:

a. De deelnemers te ongelijk van kracht zijn (outclassed), de beste vechter wordt winnaar door interventie.
b. Een van de deelnemers onvoldoende geoefend is, deze vechter wordt verliezer door interventie.
c. Beide deelnemers onvoldoende geoefend zijn, in dit geval wordt geen uitslag bekend gemaakt.
De deelnemers die wegens onvoldoende geoefendheid de ring moeten verlaten, mogen gedurende drie maanden daarna niet aan wedstrijden deelnemen.
d. De scheidsrechter van mening is dat naar zijn oordeel voortzetting van de wedstrijd van beide deelnemers te afmattend is of om andere reden gevaarlijk zou kunnen zijn voor één van de vechters.
Zijn tegenstander wordt dan winnaar door R.S.C. (Referee stops contest)

2 De scheidsrechter moet de wedstrijd staken indien:

a. Eén of beide deelnemers een min of meer ernstig uitziende verwonding krijgt en na de ringarts te hebben geraadpleegd, waarbij deze hem adviseert de wedstrijd te staken.
b. De ringarts, zonder voorafgaand te zijn geraadpleegd, hem adviseert de wedstrijd te staken.
De scheidsrechter is verplicht dit advies op te volgen.
c. Een blessure van dien aard is, dat voortzetting van de wedstrijd antipropagandistisch zou kunnen werken.
In het geval dat de scheidsrechter de ringarts wenst te raadplegen omtrent de verwonding van één van de vechters, zal hij de wedstrijd stoppen en de niet verwonde vechter naar een neutrale hoek verwijzen. Vervolgens zal hij de ringarts

Medewerker R. Dirkzwager wint in HongKong van de Japanse kampioen Adaschi

verzoeken de ring te betreden, teneinde de verwonding te kunnen onderzoeken. De instructeur mag de ring niet betreden.

De ringarts zal de scheidsrechter adviseren wèl of niet te hervatten. De scheidsrechter is verplicht het advies van de ringarts op te volgen.

3. Indien de scheidsrechter besluit de wedstrijd te staken, dient hij de juryleden hiervan in kennis te stellen, onder vermelding van de reden.
4. Gedurende de wedstrijd is de scheidsrechter de verantwoordelijke persoon. De leiding van de wedstrijd is uitsluitend opgedragen aan de scheidsrechter.
5. Indien een wedstrijd voortijdig moet worden beëindigd bij onregelmatigheden in de zaal, bij het onklaar raken van de ring, het uitvallen van de ringverlichting e.d. is de uitslag "GEEN WEDSTRIJD" (no contest).

ARTIKEL 21 - TOEGESTANE WEDSTRIJD / VECHTTECHNIEKEN OM PUNTEN TE KUNNEN SCOREN.

TECHNIEK	RAAKVLAK
Stoottechniek met het raakvlak van de vuist + de zgn. backfist (raakvlak vuist is de zgn. knokkelpartij)	hoofd (front/zijkant) borst zijkant lichaam
Traptechnieken met de voet	hoofd (front/zijkant) nek borst zijkant lichaam buik + benen
Elleboogtechnieken	borst zijkant lichaam + benen
Knietechnieken	borst zijkant lichaam buik + benen
Technieken met het scheenbeen de zgn. low-kick met het achterste been uitgevoerd	binnenkant en buitenkant van het dijbeen
Rond trap met het scheenbeen	hoofd (front/zijkant) nek borst zijkant lichaam buik
Beenveegtechnieken	tegenstander moet met beide benen los van de grond komen

De low-kick in een wedstrijd

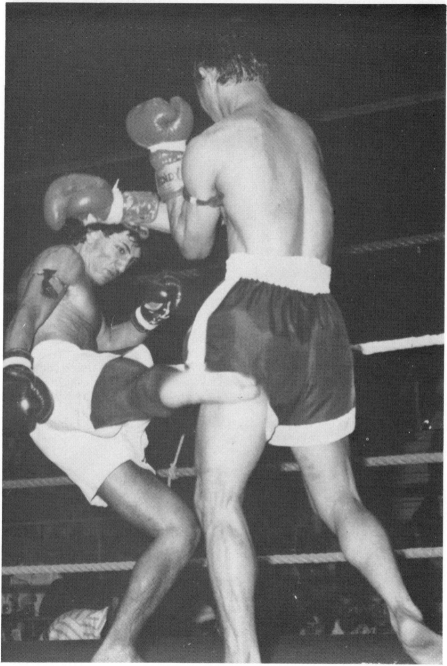

ARTIKEL 22 - SAMENSTELLING WAARDERINGSCIJFERS DOOR DE JURYLEDEN

Na elke ronde wordt aan beide deelnemers één waarderingscijfer van 1 t/m 10 toegekend.

De beste deelnemer gedurende deze ronde, zulks naar het inzicht van de aangestelde juryleden die belast zijn met het geven van puntenwaardering, krijgt steeds het cijfer 10 toegekend terwijl de andere deelnemer zoveel punten krijgt als zijn prestatie dit rechtvaardigt.

Duurt een wedstrijd het vooraf bepaalde aantal ronden, dan is die deelnemer winnaar, die het totaal grootste aantal punten heeft behaald, nadat de toegekende minuspunten in mindering zijn gebracht.

Voor puntenwaardering komen in aanmerking: **zie artikel 21**.

Indien aan het einde van een ronde geen verschil in stoot en/of traptechnieken aan te geven is, zal de algemene indruk van het gevecht in die ronde de doorslag moeten geven bij de beoordeling van de punten.

Onder algemene indruk wordt verstaan, goede aanvalstechniek (openingen maken in de verdediging van de tegenstander en dan scoren), goede verdedigingstechniek (ontwijken, slippen, blokken etc.)

Bij de beoordeling algemene indruk moet er op worden gewezen dat de aanval meer gewaardeerd wordt dan de verdediging, hoe knap ze ook wordt uitgevoerd. (De verdediger wordt n.l. in de verdediging gedrongen door de aanvaller).

Wanneer na beoordeling van al deze punten door het jurylid nog geen verschil tussen beide deelnemers is aan te geven, dan zal hij aan beide deelnemers in deze ronde een 10 als waarderingscijfer geven.

ARTIKEL 22 A

WEDSTRIJD NO.: 13

SCHEIDSRECHTER:

KLASSE: AANTAL RONDEN: SOORT WEDSTRIJD:

RODE HOEK   BLAUWE HOEK
NAAM: NAAM:

	RONDEN:	
10	1	9
8	2	10
10	3	10
	4	
	5	

  TOTAAL 28   TOTAAL 29

NAAM JURYLID:

HANDTEKENING JURYLID:

Saskia van Rijswijk, eerste dames wereldkampioen Thai-Boxing 1981. Zij won van Yupin Chop Chai in de 2e ronde op K.O.

ARTIKEL 23 - WEDSTRIJDBEOORDELING DOOR JURYLEDEN

1. Wedstrijden, niet zijnde Kampioenschappen of internationale wedstrijden, moeten door minimaal drie juryleden/hoekscheidsrechters worden beoordeeld.

2. Kampioenschappen of Internationale wedstrijden worden beoordeeld door een 1e jury bestaande uit minimaal drie leden en uit een 2e jury, een zgn. schaduwjury, bestaande uit minimaal drie leden.

3. De plaats van de scheidsrechter is in de ring; de juryleden nemen plaats aan de ring en wel op een zodanige wijze, dat ze door niemand kunnen worden gestoord en/of afgeleid.

4. De juryleden zullen naar eer en geweten hun beoordeling weergeven op de daarvoor bestemde puntenbriefjes, zoals omschreven in dit wedstrijdreglement.

5. Voor de aanvang van de wedstrijd moeten de puntenbriefjes duidelijk zijn ingevuld met vermelding van de naam, het gewicht, de klasse van de deelnemer en de naam van de Rinscheidsrechter.

6. De juryleden zijn verplicht direct na beëindiging van de ronde het totaalcijfer van deze ronde duidelijk aan te geven.
   Veranderingen, wijzigingen of doorhalingen van de eindcijfers per ronde of het totaalcijfer van alle ronden is verboden en maken het puntenbriefje ongeldig.

7. Onmiddellijk na beëindiging van de wedstrijd worden de punten van de diverse ronden bij elkaar opgeteld en gewaarmerkt middels de handtekening van het jurylid/hoekscheidsrechter, waarna het puntenbriefje overhandigt wordt aan de Ringscheidsrechter.
   De Ringscheidsrechter controleert de puntenbriefjes en onvolkomenheden en overhandigt vervolgens de puntenbriefjes aan de officials die daarvoor door het bestuur is aangewezen.

ARTIKEL 24 - DE SCORE-KEEPER

De taak van de Score-keeper is notitie te maken van de Knock-Downs (8 tellen neergaan) en de Officiële Openbare Waarschuwingen (O.W.) per ronde.
Na afloop van de wedstrijd ontvangt hij van de Juryleden de puntenbriefjes en telt vervolgens de diverse eindcijfers op plus de genoteerde pluspunten voor de Knock-Downs en trekt van het totaalcijfer de eventuele minuspunten voor O.W. af, waarna de uitslag aan de Speaker wordt medegedeeld.

ARTIKEL 25 - DE SPEAKER

De Speaker is verantwoordelijk voor de aankondiging van de wedstrijd, het bekend maken van de Officiële Openbare Waarschuwingen en het bekend maken van de uitslag. 10 seconden voor het begin van een ronde geeft de Speaker in samenwerking met de tijdwaarnemer het commando "Helpers weg" en geeft daarbij duidelijk het cijfer der ronde aan.

ARTIKEL 26 - DE TIJDWAARNEMER

De tijdwaarnemer is verantwoordelijk voor de tijdsduur van de ronden van een wedstrijd. De tijdwaarnemer controleert de duur der ronden (2 of 3 minuten) en de pauzes (1½ minuut) door middel van een stopwatch.

10 seconden voor het begin van een ronde geeft de tijdwaarnemer een signaal op de gong, de speaker geeft dan het commando "Helpers weg"; op dit moment dienen de coach en de helpers van de deelnemers direct de ring te verlaten, met medeneming van de verzorgingsspullen.

De tijdwaarnemer geeft door een gongslag een sein aan de ringscheidsrechter voor het begin en het einde van de ronde aan.

De gong is dus een aanwijzing voor de scheidsrechter.

Gaat een deelnemer neer of dient als neer te worden beschouwd dan zal de tijdwaarnemer, zodra de scheidsrechter begint te tellen, het tijdsverloop van de seconden aangeven door het tikken op de gong, zoals is omschreven.

Bij het neer zijn van één of van beide deelnemers dient de tijdwaarnemer zich te houden aan de regels gesteld in art. Procedure bij K.O.

Indien de ringscheidsrechter de wedstrijd onderbreekt, voor medische verzorging, correctie aan kleding of handschoenen van de deelnemers of anderszins, wordt de stopwatch door de tijdwaarnemer stilgezet.

Zodra de ringscheidsrechter de wedstrijd hervat, stelt de tijdwaarnemer de stopwatch weer in werking.

ARTIKEL 27 - BEKENDMAKING VAN DE UITSLAG

Wijst de meerderheid van de puntenbriefjes een deelnemer als winnaar aan, dan zal deze deelnemer door de speaker als winnaar worden uitgeroepen.

Komt de meerderheid van de puntenbriefjes tot de uitslag "onbeslist" of indien geen meerderheid wordt verkregen dan zal de uitslag "onbeslist" bekend worden gemaakt.

Alvorens de uitslag middels de geluidsinstallatie aan het publiek bekend gemaakt wordt, roept de ringscheidsrechter de beide deelnemers naar het midden van de ring. Bij de bekendmaking van de uitslag heft de ringscheidsrechter de hand omhoog van de deelnemer die tot winnaar is uitgeroepen, c.q. de handen van beide deelnemers indien de uitslag "onbeslist" is.

ARTIKEL 28 - PLUS- EN MINUSPUNTEN

Wanneer de ringscheidsrechter tijdens de wedstrijd een deelnemer een Officiële Openbare Waarschuwing (O.W.) geeft, krijgt deze deelnemer per jurylid één minuspunt.

Bij de tweede O.W. krijgt deze deelnemer geen minuspunten, doch wordt gediskwalificeerd.

De Juryleden mogen wel een notitie maken van Knock-Downs en O.W.'s maar het bijschrijven en het aftrekken van minuspunten behoort niet tot hun taak, dit wordt gedaan door de Score-keeper.

ARTIKEL 29 - MOGELIJKHEDEN VAN OVERWINNING

Een wedstrijd kan op één der volgende manieren worden gewonnen:
1. Op punten.
2. Door knock-out.
3. Door opgave van één der deelnemers of diens instructeur.
4. Door R.S.C. (Referee stops contest).
5. Door diskwalificatie.
6. Door walk - over.

TOELICHTING:
Ad punt 2. Indien een deelnemer de wedstrijd voortijdig moet beëindigen wegens een knock-out op het hoofd (K.O.-H), zal hij een startverbod krijgen van tenminste acht weken.
Na acht weken en na een medische-keuring (E.E.G. onderzoek) wordt, als deze positief is, het startverbod opgeheven.
Indien een deelnemer de wedstrijd voortijdig moet beëindigen wegens een knock-out op het lichaam (K.O.-M), zal de ringarts de ernst van de knock-out bepalen en advies geven aan het Hoofdbestuur omtrent een eventueel startverbod.

ARTIKEL 30 - PROCEDURE BIJ K.O. VOOR DE RINGSCHEIDSRECHTER

1. Als een deelnemer tijdens de wedstrijd door een trap of stoot duidelijk in moeilijkheden verkeer, of hij gaat neer dan stuurt de ringscheidsrechter de tegenstander naar de neutrale hoek en pas daarna begint hij met tellen, staat bij de achtste tel de deelnemer niet in de juiste gevechtshouding dan telt hij door tot tien en is het gevecht beslist door Knock-Out (K.O.).
Tijdens het tellen van de scheidsrechter bij het neer-zijn van één of beide deelnemers mag de gong niet worden geluid.
Direct na het commando "FIGHT" (indien de reglementair vastgestelde ronde-tijd verstreken is) moet de gong geluid worden.
De reglementair vastgestelde tijd van 1½ minuut pauze tussen de ronden dient gehandhaafd te blijven.

2. Wanneer beide deelnemers tengevolge van een trap of stoot gelijktijdig neergaan, dan telt de scheidsrechter tot zij bij de achtste tel weer in de gevechtshouding staan.
Heeft slechts één deelnemer de normale gevechtshouding aangenomen, dan wordt deze winnaar door K.O.
Wanneer beide deelnemers niet binnen de reglementaire acht tellen in de gevechtshouding staan, dan is de deelnemer winnaar die op dat moment op punten voor stond.

3. De scheidsrechter telt tot acht of tien en zal daarbij opletten dat tussen twee tellen steeds een seconde verloopt.

4. Wanneer een knock-down optreedt tijdens de laatste ronde van een finalewedstrijd dan geldt de exacte rondetijd.
De tijdwaarnemer luidt in dit geval de gong tijdens het tellen van de scheidsrech-

Het Europees bestuur in vergadering in 1985 te Amsterdam.

RAJADAMNERN STADIUM CO., LTD.
RAJADAMNERN AVE., BANGKOK, THAILAND.
THE BEST BOXING STADIUM IN THAILAND
MEMBER OF W.B.A., W.B.C., O.P.B.F.

Telephones : 2814205, 2818503,
Telegrams. : ORBOX BANGKOK

Mr. Thom R. Harinck
Van Hallstraat 52
1051 HH Amsterdam
Holland

Our Ref. RDS - 08/83
Your Ref. Letter dated, 24 May, 1
Date   3 August, 1983.

Dear Mr. Harinck

The undersigned on behalf of The Rajadamnern Stadium, I would like to take this opportunity to appreciate very much of you invaluable initiative in promoting "Muay Thai" (Typical Thai Marti Arts) in Holland.

To introduce ourself, The Rajadamnern Stadium (R.D.S.), the leading stadium in Thailand, has been established over 40 year for the purpose of holding sport exhibitions, mainly professional It is a member of The World Boxing Association (WBA) and The Orien Pacific Boxing Federation (OPBF).

I am exceedingly delighted to have learned of your inter and shall deem it to be an honour to count you as one of our close relationship. Rajadamnern Stadium is always ready to give full su to your martial arts programme staged in Holland and Europe in whi Muay Thai has an opportunity of taking part.

You may rest assured that it is our utmost desire to co-operate with you in striving to found an unique Muay Thai Organization in Holland as well as Europe.

With best regards.

Montri Mongkolsawat
Deputy Manager
Rajadamnern Stadium

ter, de scheidsrechter staakt alsdan het tellen en er volgt een normale puntenuitslag.
De ringarts zal beoordelen of de deelnemer die neer was, een startverbod krijgt opgelegd.

5. Indien een deelnemer "neer" is, mag de instructeur of helper de handdoek of spons niet in de ring werpen, de scheidsrechter zal normaal doorgaan met tellen. Wanneer de deelnemer bij de achtste tel weer in de gevechtshouding staat, is de instructeur of helper gerechtigd op dit moment voor zijn deelnemer op te geven en mag de handdoek of spons in de ring werpen.

6. Bij Nieuwelingen en C/B-klasse wordt de wedstrijd gestaakt bij **twee maal 8 tellen** (Knock-Down) in dezelfde ronden en bij drie maal 8 tellen overt de gehele wedstrijd op **TECHNISCH K.O.**
Bij A-Klasse wordt de wedstrijd gestaakt bij **drie maal 8 tellen** (knock-down) in dezelfde ronde en bij vier maal 8 tellen over de gehele wedstrijd op **TECHNISCH K.O.**

7. De scheidsrechter kan de wedstrijd ook staken wanneer hij van mening is dat zulks ter bescherming van één of beide deelnemers noodzakelijk is.

8. De scheidsrechter is verplicht in de volgende gevallen te tellen, dus als "neer" beschouwen:
   a. Indien één of beide deelnemers hulpeloos over de touwen hangen.
   b. Indien één of beide deelnemers door een harde trap of stoot tegen het hoofd aangeslagen lijken.
   c. Indien één der deelnemers of beide passief blijft/blijven.
   d. Indien één of beide deelnemers niet in staat is/zijn zich nog verder te verdedigen.
   De deelnemer die als genoemd in de punten a t/m d van dit artikel niet voor de tiende tel de wedstrijd normaal hervat, zal verliezer door K.O. worden.
   Betrokken deelnemer zal een startverbod worden opgelegd.

9. Eveneens verliezer door K.O. is die deelnemer, die tenminste tien tellen aan de wedstrijd is ontrokken geweest, behoudens in geval van overmacht zulks ter beoordeling van de ringscheidsrechter.

10. Ingeval van een zware knock-out, waarbij het naar oordeel van de scheidsrechter onmidellijk gewenst is medische hulp te verlenen, telt hij 1-out.
    Vervolgens roept hij onmiddellijk de hulp in van de ringarts, die op dat moment de door hem noodzakelijk geachte maatregelen neemt en deze dienen strikt opgevolgd te worden.

ARTIKEL 31 - RINGOFFICIALS

Bij wedstrijden onder auspiciën van de M.T.B.N. dienen aanwezig te zijn:
Twee ringscheidsrechters, minimaal drie Juryleden/Hoekscheidsrechters, een Score-keeper, een Speaker, een Tijdwaarnemer, een Ringarts, en een Hoofd van de Jury.

Thom Harinck sr. met zoon Thommie (17 jaar).

Het is niet toegestaan dat Juryleden tijdens de wedstrijden daadwerkelijk neven functie's uitoefenen.

De officials moeten door de M.T.B.N. erkens en aangewezen zijn. Zij dienen één uur voor de aanvang van de wedstrijden aanwezig te zijn.

ARTIKEL 32 - BLESSURES

Bij blessures tijdens de wedstrijden wordt de tijd stop gezet en wordt na een teken van de ringscheidsrechter de gewonde behandeld door de ringarts.
Deze beslist of het gevecht kan worden voortgezet.
Is de blessure ontstaan door een verboden handeling dan wordt de deelnemer die zulks veroorzaakt heeft, gediskwalificeerd.
Is de blessure door eigen toedoen of door een geoorloofde handeling veroorzaakt en de wedstrijd wordt gestaakt, dan is er sprake van **MEDISCHE INTERVENTIE**.

ARTIKEL 33 - STIMULERENDE MIDDELEN

Het gebruik van stimulerende middelen voor en tijdens de wedstrijden is ten strengste verboden.
Er zal dan ook na de wedstrijd door de ringarts kunnen worden gecontroleerd op het gebruik van doping.
Deelnemers aan wedstrijden onder auspiciën van de M.T.B.N. zijn verplicht de controle van de ringarts te ondergaan.
Wanneer de arts iemand betrapt heeft op gebruik van verboden middelen dan wordt deze voor onbepaalde tijd geschorst, terwijl de uitslag van de wedstrijd herzien kan worden.
Tot de verboden stimulerende middelen behoren o.a. Wekaminen, Amfetaminen, en Anabole Steroiden.

ARTIKEL 34 - DUUR DER WEDSTRIJDEN

Nieuwelingen	:	2 x 2 minuten
C-Klasse	:	3 x 2 minuten
B-klasse	:	5 x 2 minuten
A-Klasse	:	5 x 3 minuten

Tussen twee ronden 1 minuut pauze. Bij N en C Klasse, en 1½ minuut bij B en A Klasse.

ARTIKEL 35 - INDELING KLASSE

Nieuwelingen: na 3 gewonnen wedsrijden worden zij C-Klasser.
C-Klasser: na 6 gewonnen wedstrijden in de C-Klasse worden zij B-klasser.
B-Klasser: na 8 gewonnen wedstrijden in de B-Klasse worden zij A-Klasser.

Voor erg goede B-Klassers kan bij de M.B.T.N. dispensatie worden aangevraagd om in de A-Klasse te kunnen vechten.
Dispensatie kan alleen worden verleend door het Hoofdbestuur.
Nadat een lid één jaar lang wat betreft deelname aan wedstrijden niet actief is ge-

weest, moet hij voor de eerst volgende wedstrijden eerst in een langere klasse vechten.

ARTIKEL 36 - MEDISCHE COMMISSIE/PARAMEDISCHE COMMISSIE

De (para) medische commissie stelt zich ten doel het scheppen en bevorderen van voorwaarden, waaronder een optimale geintegreerde gezondheidszorg in het eerste echelon, met behartiging van zowel curatieve als preventieve aspecten van hulpverlening aan sportbeoefenaren die aangesloten zijn bij de M.T.B.N.

Zij zal hiertoe de volgende activiteiten ontplooien:
Het verschaffen van direkte - tevens de continuïteit waarborgende - medische en paramedische behandeling, begeleiding en verzorging, zowel preventief als curatief aan de (vertegenwoordigers van) besturen en/of leden van sportverenigingen, alsook aan andere sportbeoefenaren voor zover zij aangesloten zijn bij de M.T.B.N.

Het geven van medische en paramedische adiezen en bijstand aan de (vertegenwoordigers van) besturen en leden van verenigingen en andere sportbeoefenaren voor zover zij aangesloten zijn bij de M.T.B.N.

Het verrichten van al dan niet periodieke medische en paramedische keuringen.

Het verschaffen van medische en paramedische voorlichting en het overdragen van medische en paramedische kennis en ervaring aan de (vertegenwoordigers van) besturen en/of leden van sportvereniginen en andere sportbeoefenaren voor zover zij aangesloten zijn bij de M.T.B.N.

SAMENSTELLING

De MC van de M.T.B.N. is opgebouwd uit een coördinerend arts bijgestaan door een Consolium van medische specialisten uit verschillende disciplines die het meest relevant zijn voor het verantwoord beoefenen van Muay Thai en aanverwante verdedigingssporten.
Bij de M.T.B.N. is het Consilium opgebouwd uit een Orthopedisch chirurg, Reumatoloog, Cardioloog, Neuroloog en revalidatie-arts.
Zij geven de coördinerend arts specifieke, direkte medische kennis en informatie m.b.t. problematiek op medisch gebied bij de M.T.B.N.
De eindverantwoordelijkheid van alle verrichtingen door de MC berust bij de coördinerend arts.

De PMC van de M.T.B.N. is opgebouwd uit een coördinerend Fysiotherapeut bijgestaan door een Consolium.
Het Consolium van de PMC bestaat uit minimaal twee ervaren Fysiotherapeuten. Zij geven de coördinerend fysiotherapeut specifieke, direkte paramedische kennis en informatie m.b.t. problematiek op paramedisch gebied bij de M.T.B.N.
De eindverantwoordelijkheid van alle verrichtingen van de PMC berust bij de coördinerend fysiotherapeut.

ALGEMEEN

1. De MC is zich ervan bewust dat de beoefening van Muay Thai en aanverwante verdedigingssporten in wedstrijdverband zeer hoge eisen stelt aan de physieke belastbaarheid van een deelnemer.
2. De MC van de M.T.B.N. verlangt van iedere wedstrijddeelnemer een periodieke uitgebreide medische sportkeuring, in ieder geval inhoudende:

   Een grondige anamnese.
   Uitgebreid lichamelijk onderzoek inhoudende:
   volledig intern onderzoek,
   onderzoek van het steun en bewegingsapparaat,
   neurologisch onderzoek,
   somatometrisch onderzoek,
   densitometrisch onderzoek,
   fietsergometrisch onderzoek,
   lektrocardiografisch onderzoek in rust en tijdens inspanning,
   spirometrisch onderzoek,
   laboratoriumonderzoek van bloed en urine.

Deze uitgebreide sportkeuring is verplicht voor wedstrijddeelnemers vanaf de C-klasse en hoger.
Voor de andere, lagere klassen geldt de gewone, jaarlijkse, verplichte basissportkeuring.

3. Aan de hand van de uitslag van de uitgebreide keuring, alsmede de verslagen gemaakt door de ringarts in de loop van de wedstrijd-carrière van een deelnemer (zie het hoofdstuk: taak van de ringarts) zal de MC een EEG-onderzoek verlangen.
4. De MC kan, indien daartoe aanleiding bestaat door informatie van de ringarts of andere personen waaruit vermoed kan worden dat zich tussentijds beduidende veranderingen in de gezondheidstoestand van een wedstrijddeelnemer hebben voorgedaan, van deze verlangen een nader medisch onderzoek te ondergaan.
5. Bij knock-out hoofd, RSC-H, zware nederlaag, alsook overwining waarbij aanzienlijk geïncasseerd moest worden, zal de MC vast stellen aan de hand van de informatie van de ringarts, welke periode er niet getraind en/of aan wedstrijden deelgenomen mag worden.
6. De wedstrijdorganisator zorgt voor de aanwezigheid van een ringarts en overhandigt hem het in te vullen wedstrijdverslagformulier.
7. Alle medische bescheiden van de bij de M.T.B.N. aangesloten leden blijven onder de hoede van de MC.
8. Er zal een voortdurende uitwisseling van informatie zijn tussen de (P)MC enerzijds, en bestuur, arbitragecommissie, jurycommissie, wedstrijdcommissie alsmede alle andere hier niet nader genoemde commissie's en personen anderzijds, voor zover dit van belang is voor een zo goed mogelijke uitoefening van de taak van de MC.

9. Alle besluiten, bepalingen en voorschriften van de MC zullen in het officieel orgaan van de M.T.B.N. worden gepubliceerd en zijn bindend voor al haar leden.

10. De MC zal jaarlijks een rapport doen verschijnen in het officieel orgaan van de M.T.B.N. van de medisch activiteiten en ontwikkelingen.

ARTIKEL 37 - TAAK VAN DE RINGARTS

1. Bij wedstrijden onder auspiciën van de Muay Thai Bond Nederland moet ten alle tijde een arts aanwezig zijn.

2. De medische Commissi van de M.T.B.N. zorgt er voor dat de medische bescheiden van de wedstrijddeelnemers voor aanvang van de wedstrijd via de wedstrijdorganisator in het bezit zijn van de arts.

3. Deze medische bescheiden houden in:
   a. Een medische geschiktheidsverklaring.
   b. Een in te vullen formulier per wedstrijddeelnemer.

4. Voor aanvang van de wedstrijden dient de arts zich bij iedere deelnemer er van te overtuigen dat sinds het tijdstip van de jaarlijkse verplichte medische keuring,

Jong geleerd onder deskundige leiding altijd goed

geen desdanige veranderingen zijn opgetreden, dat deelname onverantwoord zou zijn.
Hij doet dit door een gerichte anamnese, eventueel aangevuld door een kort onderzoek.

5. De ringarts dient op het formulier genoemd onder punt 3b. het wedervaren der deelnemers te vermelden, voor zover dit medisch van belang is. Ten alle tijde moeten genoteerd worden de knock-outs op hoofd en lichaam, beduidende blessures, R.S.C.'s en R.S.C.-H's.
De medische verslaggeving dient gedetailleerd te zijn:
Aard van de K.O., duur bewustzijnsverlies, retrogade amnesie.
Aard van de blessure, medische bevindingen na afloop van de wedstrijd. Voor een nauwkeurige medische verslaggeving zal in vele gevallen overleg met juryleden en/of scheidsrechters noodzakelijk zijn.

6. In de rustpauze kunnen zowel scheidsrechter als trainer een ringarts verzoeken, om een deelnemer te onderzoeken omtrent de ernst van een blessure.
Tijdens de wedstrijd kan alleen de scheidsrechter dit verzoeken. De ringarts zal dan in beide gevallen adviseren de wedstrijd al dan niet te staken.
Het gegeven advies is bindend.

7. Wanneer de ringarts tijdens het wedstrijdverloop funktiestoornissen konstateert bij een deelnemer, die naar zijn/haar oordeel een voortzetting van de strijd onverantwoord maken, is hij/zij bevoegd de wedstrijd te staken.

8. a. De ringarts verzendt de medische bescheiden zoals vermeld onder punt 3, naar de medische commissie van de M.T.B.N.
De ringarts dient, wanneer hij dit medisch nodig acht voor een wedstrijddeelnemer, aan deze een brief voor zijn/haar huisarts mee te geven, waarin vermeld staat de aard van het letsel, eigen onderzoeksbevindingen en een advies, ten einde een adequate medische vervolging en nabehandeling te waarborgen.

ARTIKEL 38 - RING EN TOERUSTING

1. Een normale boksring waarbij binnen de touwen gemeten de kleinste maat 5x5 meter moet bedragen en de grootste 6 x 6 meter.

2. De ringvloer moet van een veilige constructie zijn, (geheel vlak en zonder enige uitsteeksels), belegd met schuimrubber-platen van tenminste 2 cm dik, waarover een strak gespannen canvas-zeil.

3. De ring dient te zijn voorzien van tenminste 3 ringtouwen met een minimale dikte van 3 cm en een maximale dikte van 5 cm.
De touwen moeten goed strak gespannen en bevestigd zijn aan de hoekpalen waarbij het laagste touw op een hoogte van 40 cm van de vloer en de hoogste tenminste 120 cm van de vloer moet zijn aangebracht.

4. De touwen moeten omwonden zijn met zacht materiaal en aan elke zijde van de ring verticaal met elkaar worden verbonden door twee canvasbanden op gelijke afstanden van elkaar en strak gespannen zijn.

5. De tegenover elkaar gestelde hoeken moeten voorzien zijn van één rode en één blauwe hoekpolster voor de deelnemers en daartussen twee witte voor de neutrale hoeken.
6. In de gekleurde hoeken dienen zich te bevinden:
   a. Een emmer voor water.
   b. Een drinkbak
   c. Een flesje drinkwater
   d. Een spuwbakje
   e. Een handdoek.
   f. Een zitstoeltje voor de deelnemer.
7. De ring moet zodanig geplaatst zijn dat de deelnemers geen letsel kunnen oplopen bij het doorveren in de touwen.
   De minimale afstand tussen de touwen en de muur (wand en/of obstakels) moet tenminste 120cm zijn.
8. Voor wedstrijden onder auspicien van de M.T.B.N. moet de ring goedgekeurd zijn door de technische commissie.

ARTIKEL 39 - WEDSTRIJDKLEDING

De deelnemers strijden in korte pantalon en met ontbloot bovenlichaam.
Mond en kruisbeschermer zijn verplicht.
Enkelkousen zijn toegestaan, eventueel opgestikte verdikkingen ter bescherming van de enkels moeten zacht zijn.
Andere protectie-middelen zijn niet toegestaan.

De deelnemers strijden met bokshandschoenen van gelijk gewicht, 10 Eng. ounces (284 gr) per stuk.
De handschoenen moeten gelijkmatig gevuld zijn, met de grootste dikte op het stootvlak (knokkels) en het leder moet zacht en soepel zijn.
De sluiting van de handschoenen moet voorzien zijn van veters zonder nestels, en de knoop van de sluiting moet aan de bovenkant van de handschoen aangebracht worden, zonder loshangende uiteinden. En daarna aftappen.
Handschoenen met zelfklevende sluiting zijn niet toegestaan, wegens het van de hand glijden bij clinchen en afklemmen.
De kleur van de handschoenen het liefst aangepast aan de kleur van de hoek van de deelnemer, evenals de korte pantalon.

ARTIKEL 40 - BANDAGE'S EN TAPE'S

Nomale soft bandages waarover om de pols en de hand tot circa 2 cm voor de knokkels tape is toegestaan, tussen de vingers en over de knokkels is tape verboden.
Het is verboden enig voorwerp aan of in de handen of vingers te hebben, terwijl het gebruik van binnenhandschoenen eveneens verboden is.
Alle bandages en beschermers worden voor de wedstrijd gekeurd door een official van de M.T.B.N.

ARTIKEL 41 - NIEUWE GEWICHTS KLASSEN

NEDERLANDS	KG.		LBS
Vlieggewicht	50.	Flyweight	112.
Bantamgewicht	50.81 - 53.52	Bantamgewicht	112.1-118
Vedergewicht	53.53 - 57.15	Featherweight	118.1-126
Sup. Vedergew.	57.16 - 58.97	Sup. Featherw.	126.1-130
Lichtgewicht	58.98 - 61.23	Lightweight	130.1-135
Sup. Lichtgew.	61.24 - 63.50	Sup. Lightw.	135.1-140
Weltergewicht	63.51 - 66.68	Welterweight	140.1-147
Middengewicht	69.86 - 72.57	Middleweight	154.1-160
Sup. Middengew.	72.58 - 75.75	Sup. Middlew.	160.1-167
Lichtzwaargew.	75.76 - 79.38	Lightheavyw.	167.1-175
Sup. Lichtzwaar	75.39 - 82.55	Sup. Lightheavy	175.1-182
Halfzwaargew.	82.56 - 86.18	Cruiserweight	182.1-190
Zwaargewicht	86 - 19 +	Heavyweight	190 +

ARTIKEL 42 - INSTRUCTEUR - HELPER

1. Elke deelnemer mag worden bijgestaan door één instructeur-coach en twee helpers, alleen de gediplomeerde instructeur mag de ring betreden, de helpers mogen slechts assistentie verlenen.

2. De instructeur, helpers en de deelnemers dienen één uur voor de aanvang van de wedstrijden aanwezig te zijn, voor de weging en de medische keuring.

3. Direct na de keuring moet de instructeur er voor zorgdragen dat de startlicentiekaart van de deelnemer bij de wedstrijdleiding wordt ingeleverd.
Tijdens de wedstrijden worden de resultaten van de diverse deelnemers direct na afloop van een wedstrijd ingevuld op de licentiekaart van beide deelnemers, waarna de kaarten direct weer beschikbaar zijn voor de begeleidende sportleiders.

4. De instructeur dient er voor te zorgen dat een deelnemer voor de wedstrijd geheel verzorgd is, in wedstrijdkleding, verplichte mond en kruisbeschermer en toegestane bokshandschoenen als omschreven in art. 41.

5. Het is de instructeur en/of de helpers verboden tijdens het gevecht aanwijzingen te geven, dit kan alleen geschieden tijdens de rustpauze van de deelnemer.

6. De instructeur kan door middel van het werpen van de handdoek of spons (in de ring) de wedstrijd voor zijn deelnemer voortijdig doen beëindigen.
Tijdens het tellen van de scheidsrechter in geval van een "knock-down" is opgave niet mogelijk.
Wanneer de instructeur tijdens het tellen van de scheidsrechter wel de handdoek of spons in de ring werpt, zal de scheidsrechter zich hieraan niet storen en normaal doorgaan met tellen.
Indien de deelnemer voor de tiende tel weer in staat wordt geacht verder te vechten en de gevechtshouding weer heeft aangenomen, dan zal de scheidsrechter op dat moment de wedstrijd beëindigen en wordt de betreffende deelnemer verliezer verklaard door opgave.

7. Op het teken van de tijdwaarnemer/speaker, voor aanvang van de ronde, "helpers weg" moet de instructeur de ring verlaten en mag de ring niet eerder weer betreden voor het einde van de ronde is aangeduid.

8. De instructeur en de helpers moeten zorgen voor het tijdig plaatsen en wegnemen van de stoel van hun deelnemer.

9. Het is ten strengste verboden de handschoenen te vervormen of breken. Tijdens de ronde is de instructeur en de helpers verboden hun deelnemer aanwijzingen en/of aanmoedigingen te geven.
Het werpen van verfrissende middelen zoals water enz. naar de deelnemer is eveneens verboden.

10. Instructeurs en helpers dienen zich volgens de voorschriften te gedragen.
Zij kunnen door de scheidsrechter gewaarschuwd worden bij het niet nakomen van de voorschriften.
Bij volharding van de overtreding kunnen zij bij de ring verwijderd worden.
De mogelijkheid bestaat tevens dat de scheidsrechter aan de deelnemer van de in overtreding zijnde instructeur een officiele openbare waarschuwing geeft cq. diskwalificeert.

11. De instructeurs en de helpers moeten gekleed zijn in sportkleding.

12. De instructeur is tevens verantwoordelijk voor de gedragingen van zijn helpers.

13. Indien de scheidsrechter tijdens de wedstrijd het advies wenst in te winnen van de ringarts in verband met een blessure en daartoe de ringarts verzoekt de ring te willen betreden, mag de betrokken instructeur de ringarts niet vergezellen in de ring, in dit geval is het de instructeur verboden de ring te betreden.

14. Het is de instructeur en/of de helpers verboden zich tijdens de wedstrijden naar de juryleden of wedstrijdleiding te begeven of tegen de beslissingen van de scheidsrechter cq. wedstrijdleiding te protesteren. Protesten kunnen uitsluitend na afloop van de wedstrijden mondeling of schriftelijk binnen 24 uur na afloop van de wedstrijden bij het hoofd van de jury worden ingediend. (datum poststempel op postzegel is waarmerk.)

ARTIKEL 42 - WEDSTRIJDADMINISTRATEUR

De wedstrijdadministrateur wordt door het Hoofdbestuur aangesteld.
De wedstrijdadministrateur wordt door het Bondsbureau in het bezit gesteld van een legitimatiekaart.
De wedstrijdadministrateur heeft de volgende werkzaamheden te verrichten:

a. Voor de aanvang de wedstrijden neemt hij de startboekjes in van alle deelnemers die op het wedstrijdprogramma voorkomen.
b. Hij controleert de startboekjes op geldigheid.
c. Hij stelt de aanwezige wedstrijdleiding in kennis omtrent zijn bevindingen bij controle van de startboekjes.
d. Tijdens de wedstrijden vult hij de startboekjes naar behoren in.

e. Hij zal er voor waken dat er geen junior-deelnemer tegen een senior deelnemer zal uitkomen.
f. Hij dient er voor te zorgen dat alleen deelnemers van dezelfde wedstrijd - klasse en gewichtsklasse tegen elkaar uit komen.
g. Hij maakt een proces-verbaal op omtrent de wedstrijden en laat dit ondertekenen door de ringarts en de hoofdscheidsrechter, na beëindiging van de wedstrijden.
h. Hij draagt er zorg voor dat één exemplaar van het proces-verbaal gezonden wordt naar het Hoofdbestuur van de M.T.B.N..
i. Na de wedstrijden maakt hij een overzicht betreffende de uitslagen en stuurt dit naar desbetreffende Juryleden en scholen.

ARTIKEL 43 - KAMPIOENSCHAPPEN VAN NEDERLAND

Wedstrijden om het Kampioenschap van Nederland kunnen alleen worden erkend indien zij volgens de reglementen van de M.T.B.N. plaatsvinden en worden gehouden onder auspicien van de M.T.B.N.

Wedstrijden om het Kampioenschap van Nederland Thai-boxing worden uitsluitend in de A-klasse gehouden.
De deelnemers moeten in het bezit zijn van een A-klasse licentie, en 18 jaar zijn of ouder.

Eventuele competities, uitgeschreven door het Hoofdbestuur met het doel een uitdager te verkrijgen voor een titelwedstrijd tegen de titelhouder, of om een finalewedstrijd samen te stellen, moeten worden vastgesteld op vijf ronden van drie minuten, evenals de finalewedstrijd.

Bij een uitslag "onbeslist" in een wedstrijd tussen de titelhouder en een uitdager behoudt de titelhouder de kampioenstitel.

Bij een uitslag "onbeslist" in een wedstrijd om een vacante titel, zal de ringscheidsrechter een tweede puntenbriefje vragen aan de vier juryleden, waarop zij hun voorkeur moeten aangeven ten voordele van één van beide deelnemers.
Op het tweede puntenbriefje vult het jurylid de naam in van die deelnemer welke naar zijn oordeel recht heeft op de titel, en waarmerkt dit briefje met zijn handtekening, de ringscheidsrechter vult zelf een vijfde puntenbriefje in, zodat door het ongelijke aantal stemmen altijd een beslissing valt.
Een Kampioen van Nederland is ten alle tijde gerechtigd zijn titel op het spel te zetten, echter na goedkeuring door het Hoofdbestuur.

Een Kampioen van Nederland kan niet worden verplicht zijn titel te verdedigen binnen twee maanden na de datum waarop hij zijn kampioenschap behaalde of verdedigde.

Wanneer het Hoofdbestuur een schriftelijke aanvraag heeft ontvangen van een uitdager, en haar goedkeuring heeft gegeven aan de titelwedstrijd, dan is de kampioen verplicht binnen drie maanden na ontvangst van de betreffende brief aan het Hoofdbestuur zijn titel te verdedigen, een kampioen die hieraan niet voldoet of die weigert zijn titel te verdedigen zonder geldige reden, kan door het Hoofdbestuur van zijn titel vervallen worden verklaard.

Gegadigde voor een titelgevecht mogen gedurende vier weken voor een titelwedstrijd niet deelnemen aan andere Full-Contact Karate of Thai-Boxing wedstrijden.

Zodra een titelhouder in het bezit komt van een titel in een andere gewichtsklasse, moet hij binnen een maand schriftelijk aan het Hoofdbestuur berichten aan welke van de twee titels hij de voorkeur heeft gegeven.

Het Hoofdbestuur zal beslissen welke leden van de M.T.B.N. mogen strijden om de vrijgegeven en vacante titel.

Een uitdager die een titelwedstrijd heeft verloren, zal tenminste vier maanden moeten wachten alvorens hij in hetzelfde gewicht weer een uitdaging kan richten aan de kampioen.

Bij een uitslag "onbeslist" kan de uitdager direct opnieuw een uitdaging richten tot de kampioen, de kampioen mag wel zijn titel weer verdedigen binnen twee maanden na het laatste gevecht, maar is het niet verplicht.

ARTIKEL 44 - UITDAGINGEN

Een uitdaging aan een Kampioen van Nederland moet schriftelijk ter kennis gebracht worden aan het Hoofdbestuur, met vermelding van:

a. naam en voornaam.
   woonplaats en geboortedatum.
   vereniging of sportschool.
   lichaamsgewicht.
   eventueel in het bezit zijnde titel.

b. In het verzoek aan het Hoofdbestuur dient de uitdager tevens te vermelden:

   naam en voornaam van de persoon die hij uitdaagt.
   gewichtsklasse van de persoon die hij uitdaagt.
   de titel waarom hij wenst te strijden van de persoon die hij uitdaagt.
   de vereniging of sportschool waar hij lid van is.

Het verzoek aan het Hoofdbestuur dient te zijn ondertekend door de uitdager en coach van de uitdager.

ARTIKEL 45 - CONTRACTEN

Wanneer een contract tot stand is gekomen voor een gevecht tussen de promotor en beide deelnemers zijn de betrokkene verplicht zich aan dit contract te houden.
De promotor zal zijn financiële verplichtingen na moeten komen.
De beide Thai-boxers zijn verplicht tijdig aanwezig te zijn op de wedstrijddag voor weging en medische controle.
Wanneer bij de weging blijkt dat een deelnemer meer weegt dan het toegestane gewicht volgens de bestaande bepalingen, zal het volgende in acht moeten worden genomen:

a. De deelnemer die te zwaar is, zal slechts recht hebben op 3/4 deel van zijn gage welke hij zou hebben ontvangen als hij niet te zwaar was geweest, het resterende deel vervalt aan zijn tegenstander.

b. Wanneer beide deelnemers te zwaar zijn en verplicht worden gesteld door de promotor toch te strijden, ontvangen beide deelnemers 3/4 deel van hun gage welke zij zouden hebben ontvangen indien zij niet te zwaar zouden zijn geweest, het resterende deel vervalt aan de promotor.

c. Blijkt bij de weging voor een titelwedstrijd dat de Thai-Boxer(s) meer weegt (wegen) dan het toegestane gewicht volgens de bestaande bepalingen, zal het volgende in acht worden genomen:
Indien de promotor zulks wenst, zijn beide deelnemers verplicht te strijden, doch de wedstrijd zal niet gelden als titelwedstrijd.

d. Wanneer de kampioen te zwaar is, zal hij van zijn titel vervallen worden verklaard. Wanneer het gevecht echter toch doorgaat en de uitdager levert een goede prestatie, dan kan het Hoofdbestuur de vacante titel toekennen aan de uitdager.

ARTIKEL 46 - PROMOTORS

Personen die de bevoegdheid willen krijgen om als promotor het organiseren van Full-Contact en Thai-Boxing wedstrijden onder auspicien van de M.T.B.N. te kunnen optreden, moeten aan onderstaande bepalingen voldoen:

a. Op het tijdstip van de aanvraag voor een promotorlicentie dient de aanvrager, vijf jaar een bij de M.T.B.N. goed bekend staande vereniging of sportschool te leiden, en twee jaar lid te zijn van de M.T.B.N.

b. Tijdens de aanvraag moet men de leeftijd van 30 jaar hebben bereikt. Bekend staan als verantwoordelijke personen welke hun financiële verplichtingen stipt nakomen.

c. De aanvrager dient een goede kennis te bezitten van het wedstrijdreglement van de M.T.B.N., alsmede het organisatorisch voorbereiden van wedstrijden op de juiste wijze te kunnen uitvoeren.
Het Hoofdbestuur heeft het recht betrokkene hieromtrent een proef van bekwaamheid te laten afleggen, met het organiseren van Nieuwelingen en C-Klasse wedstrijden.
Tijd en plaats moeten bij het Hoofdbestuur bekend gemaakt worden, waarna goedkeuring door het Hoofdbestuur moet worden verstrekt.

d. Een promotor is verplicht in het jaar dat zijn promotorlicentie geldig is, tenminste twee wedstrijddagen in het Full-Contact en/of Thai-Boxing te organiseren.
Bij het in gebreke blijven hiervan zonder geldige reden, zulks naar beoordeling van het Hoofdbestuur, zal hem voor het nieuwe jaar geen nieuwe licentie worden verstrekt.

e. Elk jaar, in de maand januari, is de promotor verplicht een aanvraag in te dienen bij het Hoofdbestuur voor verlenging van zijn promotorlicentie.
Deze aanvraag dient vergezeld te gaan met wedstrijduitslagen van het afgelopen jaar, waarop organisatorisch door het Hoofdbestuur geen aanmerkingen gemaakt kunnen worden, waarbij de financiële verplichtingen correct zijn nagekomen.

f. Een promotor is verplicht een door het Hoofdbestuur vast te stellen cautie te storten cq. de bankgarantie te stellen.

ARTIKEL 47 - VERPLICHTINGEN OFFICIALS

Officials bij de M.T.B.N. werkzaam in de functie van:
Ringscheidsrechter.
Score-keeper.
Jurylid.
Tijdwaarnemer.
Moeten bij het Hoofdbestuur om toestemming vragen, wanneer zij in bovenvernoemde functies medewerking willen verlenen aan, andere sportwedstrijden georganiseerd door instanties welke niet zijn aangesloten bij de M.T.B.N.
Overtreding van deze bepaling, welke schade kan toebrengen aan de M.T.B.N., kan voor de betrokkene een schorsing betekenen voor onbepaalde tijd.
Herhaling van deze overtreding kan leiden tot een royement.